Jochen Schleyer

Spanisch

Grammatik

POCKET TEACHER

Cornelsen
SCRIPTOR

Der Autor
Jochen Schleyer unterrichtet Spanisch und Französisch an einem Gymnasium und ist Verfasser von Unterrichtsmaterialien für das Fach Spanisch.

Für die neue Ausgabe wurde dieser Band vollständig aktualisiert und erweitert.

Bibliografische Information der Deutschen Nationalbibliothek
Die Deutsche Nationalbibliothek verzeichnet diese Publikation in der Deutschen Nationalbibliografie; detaillierte bibliografische Daten sind im Internet über http://dnb.d-nb.de abrufbar.

4., aktualisierte Auflage

D C B A
Bibliographisches Institut GmbH
Dudenstraße 6, 68167 Mannheim

Redaktionelle Leitung: Heike Krüger-Beer
Redaktion: Dirk Michel, Claudia Fahlbusch
Herstellung: Andreas Preising
Umschlaggestaltung: glas AG, Seeheim-Jugenheim
Umschlagabbildung: © Teerapun Fuangtong – Fotolia.com
Satz: fotosatz Griesheim GmbH, Griesheim
Druck und Bindung: fgb – freiburger graphische betriebe GmbH & Co. KG, Bebelstraße 11, 79108 Freiburg i. Br.
Printed in Germany

ISBN 978-3-411-87061-5

Inhalt

Vorwort		8
1	**Rechtschreibung und Betonung**	9
1.1	**Betonung**	9
1.2	**Akzente**	9
	Lerncheck	11
2	**Wortarten**	12
2.1	**Der Artikel**	12
	Der bestimmte Artikel	12
	Der unbestimmte Artikel	13
2.2	**Das Substantiv**	13
	Genus	13
	Pluralbildung	14
	Das Substantiv als Objekt	15
2.3	**Das Adjektiv**	16
	Genus	16
	Pluralbildung	17
	Stellung	18
	Komparativ und Superlativ	20
	Der Vergleich (Komparativ)	20
	Der Superlativ	21
2.4	**Pronomen**	22
	Das Personalpronomen	22
	Formen	22
	Gebrauch	24
	Stellung	25
	Die Possessivbegleiter	27
	Gebrauch der Possessivbegleiter	28

Gebrauch der Possessivpronomen 28
Possessivpronomen 29
Die Demonstrativbegleiter und -pronomen 30
Formen 30
Gebrauch 30
Besonderheiten 32
Die Relativpronomen 33
Formen und Gebrauch 33
Die indefiniten Pronomen und Begleiter 37
Formen und Gebrauch 37
Mehrere Verneinungen in einem Satz 39
2.5 Das Adverb 40
Abgeleitete Adverbien 40
Adverbien mit adjektivischer Form 41
Ursprüngliche Adverbien 41
Adverbien im Deutschen – adverbiale Ausdrücke im Spanischen 43
Komparativ und Superlativ 43
2.6 Die Präposition 44
Die Präposition *a* beim Objekt 44
Wichtige Präpositionen des Orts, der Richtung und der örtlichen Beziehungen 46
Wichtige Präpositionen, die zeitliche Beziehungen herstellen 48
Weitere Funktionen einzelner Präpositionen 49
a 49
de 49
desde/desde hace 52
en 52
Die „schwierigen" Präpositionen *por* und *para* 53
para 53
por 54
Lerncheck 57

3	**Das Verb**	58
3.1	**Das Präsens**	59
	Formen: Regelmäßige Bildung	59
	Stammveränderung	59
	Verben mit unregelmäßiger 1. Person Singular	61
	Unregelmäßige Verben	61
3.2	**Die Vergangenheitszeiten**	62
	Formen: Regelmäßige Bildung	62
	Unregelmäßige Formen	63
	Imperfecto	63
	Perfecto und *pluscuamperfecto*	63
	Indefinido	64
	Gebrauch	67
	Perfecto	67
	Indefinido	68
	Imperfecto	68
	Imperfecto und *indefinido* im Kontext	69
	Pluscuamperfecto	69
3.3	**Der Imperativ**	70
	Formen	70
	Stellung von Personal- und Reflexivpronomen	71
3.4	**Das *presente de subjuntivo***	72
	Bildung	72
	Regelmäßige Bildung	72
	Stammform und Stammveränderung	72
	Die sechs unregelmäßigen Verben	73
	Gebrauch	74
	Im Hauptsatz	74
	Im *que*-Satz (*que* = dass)	74
	Im Relativsatz	76
	Im Temporalsatz	77
	Nach Konjunktionen	78
	Nebensätze mit „was/wie/wo …"	78

3.5 Das *imperfecto* und das *pluscuamperfecto de subjuntivo* 79
Bildung 79
Gebrauch 80
3.6 Das Futur und der Konditional 82
Bildung 82
Regelmäßige Bildung 82
Unregelmäßige Bildung 83
Gebrauch 84
Futur I 84
Futur II 84
Konditional I 84
Konditional II 85
3.7 Wichtige unpersönliche Verbformen und Verbalkonstruktionen 85
Das *gerundio* 85
Bildung 85
Gebrauch 86
Der Infinitiv 88
Substantivischer Gebrauch 88
Verbaler Gebrauch 88
Infinitiv anstelle eines Imperativs 89
Präposition + Infinitiv 90
3.8 Das Passiv 91
Bildung 91
Gebrauch 92
Passiv mit *estar* 93
3.9 Der Gebrauch von *ser* und *estar* 94
Bei Substantiven 94
Bei Adjektiven 95
Lerncheck 97

4	**Satzgefüge**	98
4.1	**Die Bedingungssätze**	98
	Reale Bedingungssätze	98
	Irreale Bedingungssätze der Gegenwart	98
	Irreale Bedingungssätze der Vergangenheit	99
	Mischformen der irrealen Bedingungssätze	99
4.2	**Die direkte und die indirekte Rede**	100
	Lerncheck	104
5	**Die Wortstellung**	105
5.1	**Die Wortstellung im Aussagesatz**	105
	„Normaler" Aussagesatz	105
	Aussagesatz mit Adverb	106
	Aussagesatz mit adverbialen Bestimmungen/ präpositionalen Ergänzungen	106
	Fragesätze	107
	Nebensätze	107
	Verneinte Sätze	108
	Lerncheck	109
6	**Wichtige Verben**	110
6.1	**Wichtige Verben mit Präpositionen**	110
6.2	**Zur Bildung und Schreibung spanischer Verben**	115
	Konjugation der Hilfsverben	115
	Änderung der Schreibweise nach den Ausspracheregeln des Spanischen	118
	Lerncheck	119
Stichwortverzeichnis		120

Vorwort

Liebe Schülerin, lieber Schüler!
Der handliche POCKET TEACHER bringt dir viele Vorteile: Er informiert knapp und genau. Regeln, Erklärungen, Beispiele, Tabellen – alles ist übersichtlich geordnet und leicht verständlich.

Du kannst die gewünschten Infos am schnellsten über das Stichwortverzeichnis am Ende des Bandes finden.
Stichwort vergessen? Dann schaue am besten ins Inhaltsverzeichnis und suche im entsprechenden Kapitel nach dem Wort.
Im Text deines POCKET TEACHERS findest du viele farbige Pfeile. Diese verweisen auf andere Stellen im Buch.

Lerncheck Am Ende jedes Kapitels werden die wichtigsten Inhalte in einer Checkliste abgefragt. So kannst du dein Wissen schnell testen. Entdeckst du noch Lücken, dann gibt es hier Hinweise, welche Seiten du noch einmal genau lesen solltest.

Der POCKET TEACHER Spanisch erklärt die Grammatik, die du ab dem 1. Lernjahr brauchst. Er ist dein nützlicher Begleiter für alle Lernjahre.

Natürlich kann die POCKET-TEACHER-Reihe ausführliche Schulbücher mit Übungen und Beispielen nicht ersetzen. Das soll sie auch nicht. Sie ist deine Lernhilfenbibliothek für alle Gelegenheiten, besonders für Hausaufgaben oder für die Vorbereitung auf Klassenarbeiten und Abschlussprüfungen.

Rechtschreibung und Betonung

1.1 Betonung

Wörter werden auf der **vorletzten** Silbe betont, wenn sie auf **Vokal**, ***-n*** oder ***-s*** enden:
*mod**e**rno, h**a**blan, habl**a**mos*

Wörter werden auf der **letzten** Silbe betont, wenn sie auf **Konsonant** (**außer** ***-n***, ***-s***) enden:
*trabaj**a**r, españ**o**l, ciud**a**d*

Zwei **aufeinanderfolgende Vokale** bilden in einigen Fällen **eine** Silbe, in anderen Fällen **zwei** Silben. Ist von zwei aufeinanderfolgenden Vokalen einer ein ***i*** oder ***u***, so bilden sie zusammen einen **Diphthong** (= Doppellaut), also **eine Silbe**:
*fa-mi-l**ia**, t**ie**-ne, ra-d**io**, c**iu**-dad, G**ua**-te-ma-la, b**ue**-no, c**ui**-da-do, tr**ai**-go, **oi**-go, **Eu**-ro-pa*

Sind zwei aufeinanderfolgende Vokale ***a***, ***e*** oder ***o***, so bilden sie **zwei Silben**:
*t**e**-**a**-tro, mu-s**e**-**o***

1.2 Akzente

Eine von diesen Betonungsregeln abweichende Betonung eines Wortes wird durch Akzent gekennzeichnet:
*caf**é**, dif**í**cil, adem**á**s, tambi**é**n, Am**é**rica, fant**á**stico*

Achte dabei auf die **Akzentverschiebung** von Singular und Plural. (↗ Pluralbildung, S. 14–15)

el joven	*los jóvenes*
la nación	*las naciones*

Beachte auch die **Akzentverschiebung** bei Gerundien mit angehängten Objektpronomen.

esperando	*esperándome*
diciendo	*diciéndoselo*

Alle **Fragewörter** haben einen Akzent:
¿cuándo?, ¿quién?, ¿dónde?, ¿cómo?

In einigen Fällen unterscheidet der Akzent verschiedene Bedeutungen.

mi	mein	≠ *para mí*	für mich
tu	dein	≠ *tú*	du
el amigo	der	≠ *él*	er
se lava	sich	≠ *sé*	ich weiß
si	ob, wenn	≠ *sí*	ja, doch

Durch einen Akzent wird die Bildung von Diphthongen (= Doppellauten) verhindert:
*secretarí-**a**, Marí-**a**, **o**-ído*

Lerncheck

Kapitel „Rechtschreibung und Betonung“	O.K. ✓	Das muss ich noch mal lesen
Ich weiß, auf welcher Silbe Wörter betont werden, wenn sie auf *-n* oder *-s* enden.		S. 9
Ich kann darlegen, auf welcher Silbe Wörter betont werden, die auf einem Konsonanten (außer *-n* oder *-s*) enden.		S. 9
Bei zwei aufeinanderfolgenden Vokalen kann ich unterscheiden, ob es sich hierbei um eine oder zwei Silben handelt.		S. 9
Mir ist bekannt, wann ein Akzent gesetzt wird.		S. 9
Ich kann zwei Beispiele für Akzentverschiebungen nennen.		S. 10
Ich kann drei Fragewörter aufzählen.		S. 10

2 Wortarten

2.1 Der Artikel
El artículo

Der bestimmte Artikel

	singular		*plural*	
masculino *femenino* *neutro*	***el** amigo* ***la** amiga* ***lo** bueno*	der Freund die Freundin das Gute	***los** amigos* ***las** amigas*	die Freunde die Freundinnen

Der Artikel *el* verschmilzt mit den Präpositionen *a* und *de*.

BEISPIELE

al (= *a* + *el*): ***al*** *profe* – dem Lehrer,
del (= *de* + *el*): ***del*** *profe* – vom Lehrer

Anders als im Deutschen gibt es keine neutralen Substantive. Das neutrale *lo* wird zur Substantivierung von Adjektiven und Adverbien benutzt.

***lo** bueno*	das Gute
***lo** mismo*	dasselbe

Vor femininen Substantiven, die mit **betontem** *a-* oder *ha-* beginnen, steht im Singular *el*.

singular		*plural*	
***el** agua* ***el** hambre*	das Wasser der Hunger	***las** aguas*	die (Ge-)Wässer

Der unbestimmte Artikel

	singular		plural		
masculino	***un***	*amigo*	***(unos)***	*amigos*	(einige) Freunde
femenino	***una***	*amiga*	***(unas)***	*amigas*	(einige) Freundinnen

Im Deutschen hat der unbestimmte Artikel keinen Plural; im Spanischen jedoch bedeutet er meist „einige", bei Zahlen aber „ungefähr".

***unas** casas*	einige/ein paar Häuser
***unos** 20 años*	ungefähr 20 Jahre

Vor femininen Substantiven, die mit **betontem** *a-* oder *ha-* beginnen, steht im Singular *un*.

***un** agua mineral*	ein Mineralwasser
***un** hambre*	ein Hunger

2.2 Das Substantiv
El sustantivo

Genus
Substantive auf *-o* sind meist maskulin.
BEISPIELE *el amigo* – der Freund, *el instituto* – das Gymnasium

Ausnahmen sind:

la radio	das Radio	*la mano*	die Hand
la moto	das Motorrad	*la foto*	das Foto

Substantive auf *-a* sind meist feminin.

BEISPIELE *la amiga* – die Freundin, *la casa* – das Haus

Es gibt aber auch Ausnahmen.

BEISPIELE *el día* – der Tag, *el tranvía* – die Straßenbahn

Viele Substantive, die auf *-ema* oder *-oma* enden, sind maskulin.

el problema	das Problem	*el sistema*	das System
el tema	das Thema	*el idioma*	die Sprache

Substantive auf *-ista* haben nur eine Form für maskulin und feminin.

el/la idealista	der Idealist/die Idealistin
el/la artista	der Künstler/die Künstlerin

Substantive auf *-ión* und *-ad* sind meist feminin.

la dirección	die Adresse	*la universidad*	die Universität
la formación	die Bildung	*la verdad*	die Wahrheit

Pluralbildung

Substantive, die auf **unbetontem** Vokal enden, bilden ihren Plural mit *-s*.

la casa	das Haus	→ *las casas*	die Häuser
el libro	das Buch	→ *los libros*	die Bücher
el parque	der Park	→ *los parques*	die Parks

Die anderen Substantive bilden ihren Plural mit *-es.*

el profesor	der Lehrer	→ *los profesores*	die Lehrer
la región	die Region	→ *las regiones*	die Regionen

Es gelten dabei die normalen orthografischen Veränderungen; z. B. wird *-z* zu *-ces*, ein Akzent auf der letzten Silbe verschwindet im Plural, andererseits bekommen manche Wörter im Plural einen Akzent (↗ Akzente, S. 10).

2

una vez	einmal	*dos veces*	zweimal
el inglés	der Engländer	*los ingleses*	die Engländer
el joven	der Jugendliche	*los jóvenes*	die Jugendlichen

Substantive, die auf **unbetontes** *-es*, *-is*, *-us* enden, und **Familiennamen** bleiben im Plural unverändert.

el señor García	Herr García	→ *los García*	Herr García
el lunes	Montag	→ *los lunes*	die Montage; montags
la equis	das X	→ *dos equis*	zwei X

Das Substantiv als Objekt

Der deutsche **Genitiv** („wessen?") wird mit der Präposition *de* wiedergegeben.

BEISPIEL *El señor Domínguez es el profe* ***de*** *Mario y Ana.* Herr Domínguez ist Marios und Anas Lehrer.

Der deutsche **Dativ** („wem?") wird mit der Präposition *a* wiedergegeben.

Escribo ***a*** *mi novia.*	Ich schreibe meiner Freundin.
A *Juan no le gusta.*	Juan gefällt es nicht.

Der deutsche **Akkusativ** („wen?/was?“) wird dann mit der Präposition *a* wiedergegeben, wenn es sich um **bestimmte Personen** oder andere Lebewesen handelt.

*¿Conoces **a** Carlos?*	Kennst du Carlos?
*Pregunto **a** mis amigos.*	Ich frage meine Freunde.
*¿Por qué no traes **a** tu perro?*	Warum bringst du nicht deinen Hund mit?

Sonst wird der **Akkusativ** ohne *a* wiedergegeben.

BEISPIEL *Estudio español.* – Ich lerne Spanisch.

(↗ Die Präposition *a* beim Objekt, S. 44–45.)

2.3 Das Adjektiv
El adjetivo

Genus

Die Adjektive auf *-o* bilden die feminine Form auf *-a*.

masculino	*femenino*	
pequeño *majo* *encantador*	*pequeña* *maja* *encantadora*	klein nett; hübsch bezaubernd

Eine Reihe von Adjektiven (z. B. die auf *-e*, *-a*, *-l*) sind in der Maskulin- und Femininform gleich.

un tema interesante *una ciudad interesante*	ein interessantes Thema eine interessante Stadt
un motivo realista *una novela realista*	ein realistischer Grund ein realistischer Roman
un idioma fácil *una asignatura fácil*	eine leichte Sprache ein leichtes Fach

Die Nationalitätsadjektive auf *-n*, *-s*, *-l* haben jedoch zwei Endungen.

BEISPIELE *alemán/alemana, francés/francesa, español/española*

Zu den Substantiven, die als Farbadjektive gebraucht werden, ↗ Pluralbildung, S. 17.

2

Pluralbildung

Der Plural wird – wie bei den Substantiven (↗ S. 14) – durch *-s* bzw. *-es* gebildet.

bueno	→ *buenos*	*alemán*	→ *alemanes*
buena	→ *buenas*	*francés*	→ *franceses*
interesante	→ *interesantes*	*fácil*	→ *fáciles*

Bezieht sich das Adjektiv auf zwei Substantive **verschiedenen** Geschlechts, so wird die **maskuline** Pluralform genommen.

BEISPIEL *Pedro y Julia son majos.* – Pedro und Julia sind nett.

Substantive, die als **Farbadjektive** gebraucht werden, sind maskulin und feminin und im Singular und Plural unveränderlich.

(unos) zapatos	***café***	kaffeebraune Schuhe
(unas) flores	***violeta***	violettfarbene Blumen
(unas) camisetas	***rosa***	rosafarbene T-Shirts

Stellung

Adjektive stehen normalerweise **hinter dem Substantiv**.

*Vivo en un barrio **moderno**.*	Ich wohne in einem modernen Stadtviertel.
*Tenemos unas profesoras muy **majas**.*	Wir haben einige sehr nette Lehrerinnen.
*Pasa un hombre bien **vestido**.*	Es geht ein gut gekleideter Mann vorbei.

Die **Mengenadjektive** *mucho, poco, tanto, demasiado, medio* sowie *otro* stehen **vor** dem Substantiv.

*Tengo **mucho** trabajo.*	Ich habe viel Arbeit.
*Tenemos **poco** dinero.*	Wir haben wenig Geld.
*Hay **tanta** gente aquí.*	Hier sind so viele Leute!
*Tienen **demasiados** vídeos.*	Sie haben zu viele Videos.
*Compra **medio** kilo de tomates.*	Kauf ein halbes Kilo Tomaten.
*Dame **otro** zumo.*	Gib mir noch einen Saft.

BEACHTE Vor *otro* und *medio* steht – anders als im Deutschen – **nie** der **unbestimmte** Artikel.

Stehen *bueno, malo, primero, tercero* **unmittelbar** vor einem **maskulinen** Substantiv im Singular, so fällt das *-o* weg.

*Es un **buen** ejemplo.*	Das ist ein gutes Beispiel.
*Hace **mal** tiempo.*	Es ist schlechtes Wetter.
*el **primer** día*	am ersten Tag
*el **tercer** piso*	die dritte Etage

Steht *grande* vor einem **maskulinen** oder **femininen** Substantiv im Singular, dann fällt die Endung *-de* weg.

BEISPIELE

*Es un **gran** escritor.* – Er ist ein großer Schriftsteller.

*Es una **gran** artista.* – Sie ist eine große Künstlerin.

Werden *bueno* und *malo* vorangestellt, sind sie meist unbetont bzw. nicht sonderlich betont; sollen sie aber betont bzw. durch ein Adverb näher bestimmt werden, so werden sie nachgestellt.

*un **buen** vino*	ein guter Wein	*un vino (muy) **bueno***	ein (sehr) guter Wein
*un **mal** ejemplo*	ein schlechtes Beispiel	*un ejemplo (bastante) **malo***	ein (ziemlich) schlechtes Beispiel

Einige Adjektive variieren etwas in der Bedeutung, je nachdem ob sie vor- oder nachgestellt sind.

*el **único** libro*	das einzige Buch	*un libro **único***	ein einzigartiges Buch
*¡**pobre** chico!*	armer (bedauernswerter) Junge!	*una mujer **pobre***	eine arme Frau (ohne Geld)
*un **gran** autor*	ein großartiger Autor	*una ciudad **grande***	eine große Stadt
*un **viejo** amigo*	ein alter (langjähriger) Freund	*un hombre **viejo***	ein alter Mann
*el **nuevo** CD de Caos*	die neue (letzte) CD von Caos	*una bicicleta **nueva***	ein (fabrik-)neues Fahrrad
*un **antiguo** profesor*	ein ehemaliger Lehrer	*una casa **antigua***	ein altes Haus

Komparativ und Superlativ

Der Vergleich (Komparativ)

Zum Vergleich wird bei **Gleichheit** *tan + adjetivo + como*, bei **Ungleichheit** *más + adjetivo + que* bzw. *menos + adjetivo + que* verwendet. Statt *menos + adjetivo + que* wird jedoch meist *no +* (verbo) *tan + adjetivo + como* benutzt.

El español es ***tan*** *fácil* ***como*** *el inglés.*	Spanisch ist so leicht wie Englisch.
El francés es ***más*** *difícil* ***que*** *el español.*	Französisch ist schwerer als Spanisch.
Colmenar ***no*** *es* ***tan*** *interesante* ***como*** *Madrid.*	Colmenar ist nicht so interessant wie Madrid.
Colmenar es ***menos*** *interesante* ***que*** *Madrid.*	Colmenar ist weniger interessant als Madrid.

Die Adjektive *bueno* und *malo* haben eigene Komparativformen.

*buen**o**/buen**a***	***mejor***	*buen**os**/buen**as***	***mejores***
*mal**o**/mal**a***	***peor***	*mal**os**/mal**as***	***peores***
En alemán Pedro tiene ***mejor*** *nota* ***que*** *Ana.* *Pero en matemáticas tiene* ***peores*** *resultados* ***que ella.***		Im Deutschen hat Pedro eine bessere Note als Ana. Aber in Mathematik hat er schlechtere Ergebnisse als sie.	

Die Adjektive *grande* und *pequeño* haben zwei Komparative mit unterschiedlicher Bedeutung: *más grande* und *mayor* bzw. *más pequeño* und *menor*.

Sevilla es ***más grande que*** *Santiago, pero es* ***más pequeña que*** *Madrid.*	Sevilla ist größer als Santiago, aber kleiner als Madrid.

*Pedro tiene 16 años y dos hermanos: Ana, la hermana **mayor**, de 19 años y Juan, el hermano **menor**, de 13 años.*	Pedro ist 16 Jahre alt und hat zwei Geschwister: Ana, die ältere Schwester, ist 19 Jahre und Juan, der jüngere Bruder, ist 13 Jahre.

Der Superlativ

Der Superlativ setzt sich aus **bestimmtem Artikel** bzw. **Possessivbegleiter** und dem **Komparativ** zusammen.

*Carlos es **el** (chico) **más** listo de la clase.*	Carlos ist der schlaueste (Junge) in der Klasse.
*Este es **el** (tema) **menos** interesante.*	Das ist das am wenigsten interessante (Thema).
*Juan es **mi mejor** amigo. **La peor** nota la he tenido en física.*	Juan ist mein bester Freund. Die schlechteste Note habe ich in Physik bekommen.
*Juana es **la mayor**. Pablo es **mi** hermano **menor**.*	Juana ist die Älteste. Pablo ist mein jüngster Bruder.

Als Superlativ stehen *mayor* bzw. *menor* auch vor abstrakten Substantiven.

*El **mayor** problema para mí es la gramática.*	Das größte Problem für mich ist die Grammatik.
*No tengo la **menor** idea.*	Ich habe nicht die geringste Idee.

Natürlich gibt es auch den Superlativ zu den substantivierten Adjektiven (↗ S. 12).

BEISPIELE

lo más interesante – das Interessanteste,
lo mejor – das Beste,
lo peor – das Schlechteste

2.4 Pronomen
Pronombres

Das Personalpronomen
Formen

		Subjektpronomen		unbetontes Objektpronomen		
		(wer? was?)		direkt (Akkusativ) (wen? was?)		
Sing.	1.	*yo*	ich		me	mich
	2.	*tú*	du		te	dich
	3.	*él*	er	*lo/(le)*		ihn
		ella	sie	*la*		sie
		usted (Vd.)	Sie	*lo/(le)*	*(m.)*	Sie
				la	*(f.)*	
Pl.	1.	*nosotros, -as*	wir		*nos*	uns
	2.	*vosotros, -as*	ihr		*os*	euch
	3.	*ellos*	sie	*los/les*		sie
		ellas		*las*		
		ustedes (Vds.)	Sie	*los/les* *las*	*(m.)* *(f.)*	Sie

unbetontes Objektpronomen			
indirekt (Dativ) (wem?)		reflexiv	
		me	mich, mir
		te	dich, dir
le	ihm ihr Ihnen	***se***	sich
		nos	uns
		os	euch
les	ihnen Ihnen	***se***	sich

2

Betonte Personalpronomen

Bei den betonten Objektpronomen gibt es nur für die 1. und 2. Person Singular eine Sonderform, für alle anderen Personen werden die Subjektpronomen (↗ S. 22) verwendet.

a *de* *para* *por*	an von für wegen	***mí*** ***ti*** ***él/ella/Vd.*** ...	mich/mir dich/dir ihn/ihm/Sie/ihr...

Für die 3. Person gibt es eine weitere **reflexive** Sonderform.
BEISPIEL *Sólo piensa en **sí**.* – Sie/Er denkt nur an sich.

Nach der Präposition *con* gibt es für die 1., 2. und **reflexive** 3. Person Singular eine weitere **unveränderliche** Sonderform.
BEISPIEL *conmigo* – mit mir, *contigo* – mit dir, *consigo* – mit sich

Gebrauch

Da die Verbform schon die Personen kennzeichnet, werden die **Subjektpronomen** nur zur Hervorhebung (z. B. bei Gegenüberstellungen) oder zur Vermeidung von Mehrdeutigkeiten (z. B. bei der 3. Person) gebraucht.

***Yo** voy a casa, ¿y **tú**?* *Es **Vd.** muy amable.*	**Ich** gehe nach Hause, und **du**? Sie sind sehr freundlich.

Bei den **direkten Objektpronomen** ziehen viele Spanier bei **männlichen Personen** die Formen *le/les* den Formen *lo/los* als direktes Objektpronomen vor.
BEISPIEL *Le/Les conozco.* – Ich kenne ihn/Sie.

Richtig ist aber genauso:
BEISPIEL *Lo/Los conozco.* – Ich kenne ihn/Sie.

Die **betonten Objektpronomen** stehen nur nach Präpositionen. Sie werden unter anderem mit der Präposition *a* zur Betonung der direkten oder indirekten Objektpronomen gebraucht.

*A **mí** no me gustan estos libros.*	**Mir** gefallen diese Bücher nicht.
*A **ellas** no las conozco.*	**Sie** kenne ich nicht.

Sie können dabei aber nicht allein stehen, d. h., das unbetonte Objektpronomen **muss** ebenfalls vor dem Verb stehen!

Stellung

Die unbetonten Objektpronomen stehen unmittelbar vor dem konjugierten Verb.

*¿**Lo** comprendes?* *No **te** entiendo.*	Verstehst du es? Ich verstehe dich nicht.

An Infinitiv, Gerundium und Imperativ werden die Objektpronomen angehängt.

*Es fácil ver**la**.* ***Dame** el libro.*	Es ist leicht, sie zu sehen. Gib mir das Buch.

Werden ein konjugiertes Verb und ein Infinitiv oder Gerundium zusammen verwendet, so sind beide Stellungen möglich.

***Lo** quiero ver.*	*Quiero ver**lo**.*	Ich will es sehen.
***Lo** estoy leyendo.*	*Estoy leyéndo**lo**.*	Ich lese es gerade.

Treffen zwei Objektpronomen zusammen, so steht – anders als im Deutschen – das indirekte vor dem direkten Pronomen.

***Te lo** doy. (el libro)* *Dí**melo**.*	Ich gebe es dir. (das Buch) Sag es mir.

Dabei werden *le* oder *les* vor *lo, los, la* oder *las* zu *se*.

~~*Le/les*~~ ***Se lo** digo*	*(a él/a ella/a usted).*	Ich sage es ihm/ihr/ihnen/ Ihnen.
~~*Dálelo/*~~ ~~*Dáleslo*~~ ***Dáselo***	*(a ellos/a ellas/a ustedes).*	Gib es ihm/ihr/ihnen.

Wie die Beispiele zeigen, ist die Bezugsperson von *se* oft unklar. In solchen Fällen wird diese näher bestimmt.

BEISPIEL *¿Se lo has dicho **a él**?* – Hast du es ihm gesagt?

Achte bei der Hintanstellung von Pronomen auf die Einhaltung der **Betonungs- und Akzentregeln** (↗ S. 9–10): Beim Anhängen an ein Gerundium muss **immer** ein Akzent gesetzt werden, ebenfalls beim Anhängen von **zwei** Objektpronomen an einen Infinitiv oder Imperativ.

Estoy escribiendo.	Ich schreibe gerade.	*Estoy escribiéndola la carta.*	Ich schreibe gerade den Brief.
Voy a escribir el mensaje.	Ich werde die SMS schreiben.	*Voy a escribírosla.*	Ich werde ihn euch schreiben.
Di./Dime.	Sag!/Sag mir!	*Dímelo.*	Sag es mir!

Die Possessivbegleiter
Los determinantes posesivos

		Besitzer	Besitz	Singular	
			mask.	fem.	
Sing.	1.	*(yo)*	***mi***		mein(e)
	2.	*(tú)*	***tu***		dein(e)
	3.	*(él)*			sein(e)
		(ella)	***su***		ihr(e)
		(Vd.)			Ihr(e)
Pl.	1.	*(nosotros,-as)*	***nuestro***	***nuestra***	unser(e)
	2.	*(vosotros,-as)*	***vuestro***	***vuestra***	euer(e)
	3.	*(ellos)*			ihr(e)
		(ellas)	***su***		ihr(e)
		(Vds.)			Ihr(e)

		Besitzer	Besitz	Plural	
			mask.	fem.	
Sing.	1.	*(yo)*	***mis***		meine
	2.	*(tú)*	***tus***		dein(e)
	3.	*(él)*			seine
		(ella)	***sus***		ihre
		(Vd.)			Ihre
Pl.	1.	*(nosotros,-as)*	***nuestros***	***nuestras***	unsere
	2.	*(vosotros,-as)*	***vuestros***	***vuestras***	eure
	3.	*(ellos)*			ihre
		(ellas)	***sus***		ihre
		(Vds.)			Ihre

2

Gebrauch der Possessivbegleiter

Die Possessivbegleiter stehen vor dem Substantiv, auf das sie sich beziehen; zwischen beiden kann noch ein Adjektiv stehen.

Mi *padre se llama Juan.*	Mein Vater heißt Juan.
Su *madre es alemana.*	Seine/ihre/Ihre Mutter ist Deutsche.
¿Quién es ***vuestra*** *mejor amiga?*	Wer ist eure beste Freundin?
Nuestros *queridos hijos.*	Unsere geliebten Kinder.

Anders als im Deutschen wird im Spanischen oft der bestimmte Artikel benutzt, wenn die „Besitzverhältnisse" klar sind.

Se pone ***el*** *abrigo.*	Er zieht sich **seinen** Mantel an.
Me duele ***la*** *pierna.*	**Mein** Bein tut (mir) weh.

Possessivpronomen – Formen ↗ Tabelle, S. 29

Gebrauch der Possessivpronomen

Die Possessivpronomen stehen

- allein nach dem Verb *ser.*:
  Esta cinta es ***mía****.* – Diese Kassette gehört mir.
- allein nach dem bestimmten Artikel:
  Mi moto me gusta más que la ***tuya****.* – Mein Motorrad gefällt mir besser als deins.
- im Sinn von „eine(r) von mehreren":
  Puri es una amiga ***suya****.* – Puri ist eine seiner/ihrer Freundinnen.
- in der 1. Person in Ausrufen:
  ¡Dios ***mío****!* – Mein Gott!

Possessivpronomen

	Besitzer	Besitz		
			Singular	
		masc.	*fem.*	
Sing. 1.	*(yo)*	***mío***	***mía***	mein(e)
2.	*(tú)*	***tuyo***	***tuya***	dein(e)
3.	*(él)*			sein(e)
	(ella)	***suyo***	***suya***	ihr(e)
	(Vd.)			Ihr(e)
Pl. 1.	*(nosotros,-as)*	***nuestro***	***nuestra***	unser(e)
2.	*(vosotros,-as)*	***vuestro***	***vuestra***	euer(e)
3.	*(ellos)*			ihr(e)
	(ellas)	***suyo***	***suya***	ihr(e)
	(Vds.)			Ihr(e)

	Besitzer	Besitz		
			Plural	
		masc.	*fem.*	
Sing. 1.	*(yo)*	***míos***	***mías***	meine
2.	*(tú)*	***tuyos***	***tuyas***	dein(e)
3.	*(él)*			seine
	(ella)	***suyos***	***suyas***	ihre
	(Vd.)			Ihre
Pl. 1.	*(nosotros,-as)*	***nuestros***	***nuestras***	unsere
2.	*(vosotros,-as)*	***vuestros***	***vuestras***	euere
3.	*(ellos)*			ihre
	(ellas)	***suyos***	***suyos***	ihre
	(Vds.)			Ihre

2

Die Demonstrativbegleiter und -pronomen

Formen

	beim Sprecher: **diese(r/s) hier**		vom Sprecher entfernt: **diese(r/s) da**		weiter entfernt/bei einer dritten Person: **jene(r/s) dort**	
	Sing.	Plural	Sing.	Plural	Sing.	Plural
mask.	***este***	***estos***	***ese***	***esos***	***aquel***	***aquellos***
fem.	***esta***	***estas***	***esa***	***esas***	***aquella***	***aquellas***
neutr.	***esto***		***eso***		***aquello***	
entsprechendes Adverb	***aquí***		***ahí***		***allí***	

Gebrauch

Im Spanischen wird bisweilen genauer als im Deutschen zwischen „diesem“ und „jenem“ unterschieden: Es wird darauf geachtet, ob sich die Begleiter oder Pronomen auf eine Person oder Sache beziehen, die sich beim Sprecher (= 1. Person), beim Hörer (= 2. Person) oder aber an einem anderen Ort (eventuell bei einer dritten Person) befindet – die jeweilige deutsche Entsprechung ist ungenau, weil dort nur ein bis zwei Demonstrativa gebraucht werden: (dies –) das (– evtl.: jenes).

BEACHTE Im heutigen Spanisch wird *aquel*/… des Öfteren durch *ese*/… ersetzt, die Grenzen sind hier fließend.

Sprecher	Hörer	3. (unbeteiligte) Person

***Esta** raqueta es nueva.*	*Dame **esa** pelota.*	*¿Quién es **aquel** chico?*
Dieser Schläger ist neu.	Gib mir **den** Ball **da**.	Wer ist **der** Junge **da/ dort**?

Durch die unterschiedliche Anwendung wird auch zeitliche Nähe oder Distanz ausgedrückt.

BEISPIELE ***esta** semana* – **diese** Woche, ***ese** día* – an **dem/ jenem** Tag, ***aquel** año* – in **jenem/dem** Jahr

BEACHTE Diese Konstruktionen stehen im Spanischen – anders als im Deutschen – **ohne** Präposition.

Die neutralen Demonstrativpronomen *esto*, *eso*, *aquello* stehen immer ohne Substantiv und beziehen sich nur auf Sachverhalte oder nicht identifizierte Dinge. Dabei wird *eso* weitaus häufiger gebraucht als *esto* bzw. *aquello*.

BEISPIELE *¿Qué es **esto**?* – Was ist das?
***Eso** es.* – Das/So ist es.

Bei **Personen** muss auf jeden Fall immer die **maskuline** oder **feminine** Form gebraucht werden.

BEISPIEL *¿Quién es **éste**?* – Wer ist das?

BEACHTE Die Demonstrativ**pronomen** können einen Akzent tragen.

Anders als im Deutschen beziehen sich auch die Demonstrativbegleiter, die am Satzanfang stehen, auf die entsprechenden Substantive.

***Éstas** son las chicas alemanas que …*	**Das** sind die deutschen Mädchen, die …

Besonderheiten

Das Demonstrativum *ese/esa/…* wird häufig im despektierlichen (= abschätzigen) Sinn gebraucht.

*¿Te gusta **ese** cuadro?*	(sinngemäß:)	Gefällt dir (etwa) das Gemälde? (Mir nicht.)
*¿Qué te parece **ese** chico?*	(sinngemäß:)	Was hältst du von dem Jungen da? (Ich mag ihn nicht.)

Dabei wird durch die **Nachstellung** des Begleiters *ese* oft eine noch stärkere Geringschätzung ausgedrückt.

*¿Qué te parece el chico **ese**?*	(sinngemäß:)	Was hältst du von dem Jungen da? (Ich mag ihn gar nicht.)

Die Demonstrativa *este/… – aquel/…* werden in einem Satzgefüge benutzt, um zwischen zwei Substantiven zu unterscheiden; *este* bezieht sich dann auf das zuletzt genannte, *aquel* auf das zuerst genannte (weil es weiter entfernt ist).

BEISPIEL *Mira, allí están María y Puri. **Ésta** es mi hermana, **aquella** es su amiga.* –
Guck mal, da sind María und Puri. **Letztere/Diese** ist meine Schwester, **erstere/jene** ist ihre Freundin.

Die Relativpronomen

Formen und Gebrauch

que		*quien*	*quienes*
el que	*los que*		
la que	*las que*		
lo que			
el cual	*los cuales*	*cuyo*	*cuyos*
la cual	*las cuales*	*cuya*	*cuyas*
lo cual			

Das **meistbenutzte** Relativpronomen ist ***que***. Es hat die Funktion des **Subjekts** oder des **direkten Objekts** und steht für **männliche** oder **weibliche Personen** oder **Sachen**.

Es steht im Singular oder Plural im Nominativ oder Akkusativ.

Las personas ***que*** *todavía no han pagado …*	Pers./ (Nom.)	Die Personen, die noch nicht bezahlt haben …
Los hombres ***que*** *vimos ayer …*	Pers./ (Akk.)	Die Männer, die wir gestern gesehen haben …
Un coche ***que*** *cuesta un ojo de la cara.*	Sachen/ (Nom.)	Ein Auto, das sündhaft teuer ist.
… la cantidad de inglés ***que*** *he aprendido*	Sachen/ (Akk.)	… die Menge Englisch, die ich gelernt habe

Mit einer Präposition kann *que* für **männliche** und **weibliche Sachen** im **Singular** und **Plural** stehen.

a *con* *de* *en*	***que***
El libro ***con que*** *estudias español …*	Das Buch, mit dem du Spanisch lernst …
Las casetes ***de que*** *me hablaste …*	Die Kassetten, von denen du mir erzählt hast …

Mit der Präposition *a* + Artikel steht *que* für **Personen** als **indirektes** oder **direktes Objekt**.

al *a la* *a los* *a las*	***que***	
La mujer a ***la que*** *llamaste …*	dir. Obj.	Die Frau, die du angerufen hast …
Los hombres ***a los que*** *escribí …*	indir. Obj.	Die Männer, denen ich geschrieben habe …

Präposition + Artikel + *que* steht sehr oft für **Personen** sowie **alle anderen Angaben** (Ursache, Zweck, Ort, Zeit, Richtung …).

a *con* *de* *en* *para* *…*	**+**	*(al)* *el* *(del)* *la* *los* *las*	***que***

La gente ***con la que*** *lo pasé bomba …*	Die Leute, mit denen ich mich köstlich amüsierte …
El chico ***del que*** *me hablaste ayer …*	Der Junge, von dem du mir gestern erzählt hast …
La ciudad ***a la que*** *voy a viajar …*	Die Stadt, in die ich fahren werde …
Los cds ***por los que*** *fuiste a Londres …*	Die CDs, wegen denen du nach Londen gefahren bist …
El concierto ***para el que*** *fui a Madrid …*	Das Rockkonzert, zu dem (= dessentwegen) ich nach Madrid gefahren bin …

2

Artikel + *que* leitet einen **Relativsatz ohne Bezugswort** ein.

el *la* *los* *las* *lo*	***que***	
Cuéntame ***lo que*** *hacías cada día.*	Objekt	Erzähl mir, was du jeden Tag gemacht hast.
Los que *todavía no han pagado …*	Subjekt	Diejenigen, die noch nicht bezahlt haben …

Quien steht meist mit Präpositionen und immer ohne Artikel für Personen.

(a) (de) (con) ***quien***	
La chica ***a quien*** *llamé ayer …*	Das Mädchen, das ich gestern angerufen habe …
La familia ***con quien*** *viví …*	Die Familie, bei der ich wohnte …

Cual wird eher selten gebraucht, wenn aber, dann immer mit dem bestimmten Artikel.

(con) (en) (para) (por) **+** *el la* } ***cual*** / *los las* } ***cuales***	
Las chicas con las cuales fui a Madrid …	Die Mädchen, mit denen ich nach Madrid fuhr, …
El DVD del cual hablaste ayer …	Die DVD, von der du gestern sprachst, …

lo ***que*** *lo* ***cual***	bezieht sich auf **ganze Hauptsätze** (Inhalte, Aussagen), die entweder vorausgehen (oft: ***lo cual***) oder nachfolgen (oft: ***lo que***)
Me tocó un trabajo desagradable, ***lo cual*** *no me gustó.*	Mir fiel eine unangenehme Arbeit zu, was mir nicht gefallen hat.
Lo que *no le gustaba a la anciana era …*	Was der Alten nicht gefiel, war …

Cuyo steht als Relativpronomen im „Genitiv“ immer mit einem darauf folgenden Substantiv, auf das sich auch seine Endung bezieht.

(a) *(de)* *(con)* *(en)*	***cuyo*** ***cuya*** ***cuyos*** ***cuyas***
*El chico **cuya** amiga se fue ayer …*	Der Junge, dessen Freundin gestern abgefahren ist …
*La estudiante **con cuyos** padres hablé …*	Die Schülerin, mit deren Eltern ich gesprochen habe …

2

Die indefiniten Pronomen und Begleiter

Formen und Gebrauch

Folgende **indefinite Pronomen** sind unveränderlich.

algo ***nada***	etwas nichts	für Sachen
alguien ***nadie***	jemand niemand	für Personen

BEISPIELE

*¿Entiendes **algo**?*	Verstehst du etwas?
*No, no entiendo **nada**.*	Nein, ich verstehe nichts.
*¿Hay **alguien** aquí?*	Ist hier jemand?
*No, aquí no hay **nadie**.*	Nein, hier ist niemand.

Folgende **indefinite Pronomen und Begleiter** sind veränderlich.

alguno/algún ***alguna***	(irgend)einer (irgend)eine	***algunos*** ***algunas***	einige
ninguno/ningún ***ninguna***	keiner, kein Einziger keine, keine Einzige		
cualquier(a)	jeder		

BEISPIELE Gebrauch als Pronomen

*¿**Alguno** de vosotros tiene una idea?*	Subjekt	Hat einer von euch eine Idee?
*Yo tengo **algunas** de sus películas en vídeo.*	direktes Objekt	Ich habe ein paar seiner/ihrer Filme als Video.
*¿Conoces a **algunos** de estos chicos?*	direktes Objekt	Kennst du einige dieser Jungen?
*No, a **ninguno**.*	direktes Objekt	Nein, keinen.
*Eso lo sabe **cualquiera**.*	Subjekt	Das weiß jeder.

BEISPIELE Gebrauch als Begleiter

*¿Ha venido **algún** chico interesante?*	Subjekt	Ist irgendein interessanter Junge gekommen?
*¿Tienes **algunas** fotos de tu hermana?*	direktes Objekt	Hast du ein paar Fotos von deiner Schwester?
*No, **ninguna**.*	direktes Objekt	Nein, keins/kein einziges.
***Cualquier** hombre lo haría.*	Subjekt	Jeder Mann würde das machen.

Sind indefinite Pronomen oder Begleiter **direktes Objekt**, das sich auf **Personen** bezieht, so wird ihnen die Präposition *a* vorangestellt.

BEISPIEL *Esperas **a algún** otro invitado?* – (direktes Objekt) Erwartest du noch irgendeinen Gast?

Zum indefiniten Begleiter ***unos/unas*** ↗ S. 13.
Zur Verneinung und entsprechenden Wortstellung ↗ S. 108.

Mehrere Verneinungen in einem Satz

Im Spanischen gilt es als normal, doppelte oder mehrfache Verneinungen in einem Satz zu verwenden – anders als im Deutschen.

*Este chico **nunca** dice **nada**.*	Der Junge sagt **nie etwas**.
***Nadie** hace **nada** por **nadie**.*	**Niemand** tut **etwas** für **jemand anderen**.

2.5 Das Adverb
El adverbio

Adverbien bestimmen ein **Verb**, ein **Adjektiv**, ein anderes **Adverb** oder einen **ganzen Satz** näher.

Abgeleitete Adverbien

Im Spanischen können von den meisten Adjektiven Adverbien abgeleitet werden. Dies geschieht durch das Anhängen von *-mente* an die **feminine** Form des Adjektivs.

tranquilo/-a	*Trabaja tranquila**mente**.*	Sie arbeitet ruhig.
*inteligente**	*Lo hace inteligente**mente**.*	Er macht das intelligent.

*Hier ist das Adjektiv einendig.

Hat das Adjektiv, von dem ein Adverb abgeleitet wird, einen Akzent, behält das Adverb diesen.

rápido/-a	*Lo hace todo rápidamente.*	Er macht alles sehr schnell.
fácil	*Se lo comprende fácilmente.*	Man versteht ihn leicht.

Den Adjektiven *bueno* und *malo* entsprechen die Adverbien *bien* und *mal*.

*Trabaja **bien**.*	Sie arbeitet gut.
*Entiendo **mal**.*	Ich verstehe schlecht.

Beziehen sich zwei oder mehr Adverbien mit der Endung *-mente* auf ein Verb oder Adjektiv, so behält nur das letzte Adverb die Adverbialform, die vorhergehenden werden durch die **femininen Singularform** des Adjektivs ersetzt.

BEISPIEL *Política, social y económica**mente**, España va bien.* – Spanien geht es politisch, sozial und wirtschaftlich gut.

Adverbien mit adjektivischer Form

Folgende häufig benutzte Adverbien haben die Form eines maskulinen Adjektivs im Singular.

*hablar **alto***	laut sprechen
*hablar **bajo***	leise sprechen
*comprar **barato***	billig kaufen
*vender **caro***	teuer verkaufen
*trabajar **duro***	hart arbeiten
*llegar **pronto***	bald ankommen

Ursprüngliche Adverbien

Ursprüngliche Adverbien sind solche, zu denen es keine entsprechenden Adjektive gibt. Dazu gehören z. B.

- Adverbien der **Art und Weise** (Modaladverbien)

así	so	***como***	wie
bien	gut	***mal***	schlecht

- Adverbien des **Grades**, der **Menge**, des **Vergleichs**

algo	etwas	***más***	mehr
bastante	ziemlich, genug	***mucho, muy***	viel, sehr

BEACHTE *Mucho* steht vor Verben, *muy* vor Adjektiven:
*Trabaja **mucho**.* – Er arbeitet viel.
*Es un tema **muy** interesante.* – Das ist ein sehr interessantes Thema.

■ Adverbien der **Zeit** (Temporaladverbien)

ahora	jetzt	***siempre***	immer
ayer	gestern	***ya***	schon

■ Adverbien des **Ortes** (Lokaladverbien)

aquí	hier	***donde***	wo
cerca	in der Nähe	***fuera***	außen, draußen

■ Adverbien der **Bejahung** und **Verneinung**

no	nein	***también/tampoco***	auch/auch nicht
sí	ja	***ya no***	nicht mehr

BEACHTE Die Verneinung von *también* ist *tampoco*:
*Elena viene **también**.* – Elena kommt **auch**.
*Merce no viene **tampoco**.* – Merce kommt **auch nicht**.
***Tampoco** viene Merce.* – **Auch** Merce kommt **nicht**.

Zur Verneinung und entsprechenden Wortstellung ↗ S. 108.

■ Adverbien des **Zweifels**

quizá(s)	vielleicht
tal vez	vielleicht

Adverbien im Deutschen – adverbiale Ausdrücke im Spanischen

Im Deutschen gibt es eine ganze Reihe von Adverbien, die im Spanischen eine andere Entsprechung haben. Da dies ein lexikalisches und kein grammatikalisches Problem ist, werden hier nur die häufig gebrauchten Ausdrücke aufgelistet.

a gusto	gern
a menudo	oft
a lo mejor	vielleicht
a tiempo	rechtzeitig
a veces	manchmal
de buena gana	gern/gutwillig
de día/de noche	tagsüber/nachts
de repente	plötzlich
en el fondo	eigentlich
en seguida	sofort
en serio	ernsthaft/im Ernst
muchas veces	oft
no … hasta	erst
por cierto	gewiss, bestimmt, natürlich

Komparativ und Superlativ

Die meisten Adverbien werden wie Adjektive gesteigert.

Komparativ	*Corre **más rápidamente** que tú.*	Sie läuft schneller als du.
Superlativ	*Trabaja **lo más lentamente**.* Oder: *Trabaja **lentísimamente**.*	Er arbeitet am langsamsten.

Der Superlativ mit *lo más* ist weniger gebräuchlich. Stattdessen kann man **Umschreibungen** verwenden.

BEISPIELE *Es **el que** más lentamente trabaja.*
*Trabaja más lentamente **que nadie**.*

Unregelmäßig gesteigert werden:

bien	***mejor***
mal	***peor***
mucho	***más***
poco	***menos***

BEISPIELE

*Lo hace **mejor/peor** que tú.*	Er macht es **besser/schlechter** als du.
*Trabaja **más/menos** que yo.*	Er arbeitet **mehr/weniger** als ich.

2.6 Die Präposition
La preposición

Wie in jeder anderen Sprache gibt es auch im Spanischen häufig und weniger häufig gebrauchte Präpositionen.

Zu den am häufigsten gebrauchten gehören die Präpositionen *a*, *con*, *de*, *en*, *para* und *por*.

Weitere Präpositionen, die häufig gebraucht werden, sind *antes de, delante de, ante, debajo de, bajo, detrás de, después de, tras, entre, hacia, hasta, sin* und *sobre*.

Die Präposition *a* beim Objekt

Häufig wird vor allem zu Beginn des Spanischlernens die Präposition *a* beim Objekt nicht richtig gebraucht. Darum fangen wir damit an.

Die Präposition *a* wird **immer** vor Substantiven oder Pronomen als **indirektem** Objekt (entspricht dem Dativ im Deutschen) gebraucht.

*Puri le da la limonada **a** Merce.*	Puri gibt Merce die Limonade.
***A** nosotros siempre nos escriben saludos de Navidad.*	Uns schreiben sie immer Weihnachtsgrüße.

Komplizierter ist der Gebrauch von *a* beim **direkten** Objekt (entspricht Akkusativ im Deutschen). Hier sollen nur die wichtigsten Fälle dargestellt werden.

*¿Conoces **a** mi padre?*	Kennst du meinen Vater?
*¿No veis **a** Manolo?*	Seht ihr Manolo nicht?
*Busco **a** mi perro.*	Ich suche meinen Hund.

In diesen Fällen sind die direkten Objekte bestimmte Personen oder nahestehende Tiere. Aber auch bei personifizierten Substantiven bzw. Eigennamen ohne Artikel steht meist die Präposition *a*.

*No temo **a** la Muerte.*	Ich fürchte den Tod nicht.
*Quiero mucho **a** España.*	Ich liebe Spanien sehr.

In den übrigen Fällen wird beim direkten Objekt keine Präposition gebraucht.

BEISPIEL

¿Habéis visto los coches? – Habt ihr die Autos gesehen?

Wichtige Präpositionen des Orts, der Richtung und der örtlichen Beziehungen

Eine häufige Fehlerquelle für diejenigen, die schon Französisch gelernt haben, ist der **örtliche** Gebrauch von *a*, *de* und *en*. Daher zuerst ein Schema, das dir helfen soll, diese Fehler zu vermeiden:

Herkunft	*de*	*Puri viene **del** instituto.*	Puri kommt **aus** der Schule.
		*Vengo **de** Madrid.*	Ich komme **aus** Madrid.
		*Soy **de** España.*	Ich bin (komme, stamme) **aus** Spanien.
Ort	*en*	*Pedro está **en** la plaza.*	Pedro ist **auf** dem Platz.
		*Mi hermana está **en** Santiago.*	Meine Schwester ist (befindet sich) **in** Santiago.
		*El libro está **en** la mesa.*	Das Buch ist (liegt) **auf** dem Tisch.
Ziel	*a*	*Miguel va **a** casa de Merce.*	Miguel geht **zu** Merce.
		*José va **a** Valencia.*	José fährt **nach** Valencia.
		*Mañana vamos **a** Argentina.*	Morgen fahren (fliegen) wir **nach** Argentinien.

BEACHTE Den Biologen hilft vielleicht die Eselsbrücke der „DNA"-Analyse: *de* → *en* → *a*.

Weitere Präpositionen der Herkunft bzw. der Richtung sind:

desde (... hasta)	***Desde** Santiago **hasta** Oviedo son unos 350 km.*	Von Santiago bis Oviedo sind es ungefähr 350 km.
hacia	*Los pájaros vuelan **hacia** el sur.*	Die Vögel fliegen **(in) Richtung/nach** Süden.

Zum zeitlichen Gebrauch ↗ S. 48.

Häufig gebrauchte Präpositionen der **örtlichen Beziehungen** sind:

detrás de	*La silla está* ***detrás de*** *la mesa.*	Der Stuhl steht **hinter** dem Tisch.
delante de	*Mari está* ***delante de*** *la mesa.*	Mari steht **vor** dem Tisch.
al lado de	*El señor* ***está al lado de*** *la mesa.*	Der Mann steht **neben** dem Tisch.
en	*El libro está* ***en*** *la mesa.*	Das Buch liegt **auf** dem Tisch.
entre	*La mesa está* ***entre*** *Mari y la silla.*	Der Tisch steht **zwischen** Mari und dem Stuhl.
a la derecha	*La casa está* ***al la derecha de*** *la iglesia.*	Das Haus ist **rechts von** der Kirche.
a la izquierda	*El móvil está* ***a la izquierda de*** *la cama.*	Das Handy ist **links vom** Bett.
debajo de	*Miguel está* ***debajo de*** *la mesa.*	Miguel ist **unter** dem Tisch.
encima de	*El poster está* ***encima de*** *la cama.*	Das Poster hängt **über** dem Bett.

Zum zeitlichen Gebrauch von *en* und *entre* ↗ S. 48.

Im übertragenen Sinn werden für „nach", „vor", „unter" folgende Präpositionen gebraucht:

tras	*Llegan uno* ***tras*** *otro.*	Sie kommen einer **nach** dem anderen an.
ante	*Me encontré* ***ante*** *una situación desagradable* ***Ante*** *la ley todos son iguales.*	Ich befand mich **vor** einer unangenehmen Situation. ***Vor*** dem Gesetz sind alle gleich.
bajo	***Bajo*** *Franco hubo mucha injusticia.*	**Unter** Franco gab es viel Unrecht.

Wichtige Präpositionen, die zeitliche Beziehungen herstellen

Die gängigsten Präpositionen der Zeit sind:

a	*Viene **a** las ocho.* *Volvimos a vernos **al** día siguiente.* *Se casó **a** los 25 años.*	Er kommt **um** acht Uhr. Wir sahen uns **am** nächsten Tag wieder. Sie heiratete **mit** 25 Jahren.
de	*Aquel año trabajó **de** día y **de** noche.*	In jenem Jahr arbeitete sie tags und nachts.
de … a	*Trabajamos **de** ocho **a** once.* *Volveré **de** aquí **a** un año.*	Wir arbeiten **von** acht **bis** elf (Uhr). Ich komme **heute in** einem Jahr wieder.
desde (… hasta)	*Me quedé **desde** las nueve **hasta** las diez.*	Ich blieb **von** neun **bis** zehn Uhr.

Zum örtlichen Gebrauch dieser Präpositionen ↗ S. 46–47.

Weitere häufig gebrauchte Präpositionen der **zeitlichen Beziehungen** sind:

antes de	*Nunca me levanto **antes de** las siete.*	Ich stehe nie **vor** sieben Uhr auf.
después de	***Después de** la clase vuelvo a casa.*	**Nach** der Schule gehe ich nach Hause.
en	***En** verano vienen muchos turistas.*	**Im** Sommer kommen viele Touristen.
entre	*Nos esperan **entre** las seis y las siete.*	Sie erwarten uns **zwischen** sechs und sieben Uhr.
hacia	*El concierto termina **hacia** las once.*	Das Konzert hört **gegen/ungefähr um** elf Uhr auf.

Zum örtlichen Gebrauch von *en*, *entre* und *hacia* ↗ S. 46–47.
Zu „vor“ und „nach“ im übertragenen Sinn ↗ S. 47.

Weitere Funktionen einzelner Präpositionen

a

Neben den auf den Seiten 44–48 genannten Funktionen wird *a* benutzt:

- örtlich

*Nos sentamos **a** la mesa*	Wir setzen uns **an** den Tisch.
*Métete **a** la sombra.*	Setz dich **in** den Schatten.
*Gira **a** la izquierda.*	Biege **nach** links ab.
*El ayuntamiento está **a** la derecha.*	Das Rathaus ist rechts. (hier wird *a* nicht übersetzt)

- zum Ausdruck der **Art und Weise**

*Voy **a** pie.*	Ich gehe **zu** Fuß.
*Ana va **a** caballo.*	Anna reitet.
*Merluza **a** la vasca.*	Seehecht **auf** baskische **Art**.

de

Neben den auf den Seiten 46–48 genannten Funktionen wird *de* benutzt zum Ausdruck von:

- **Besitz** (in diesem Fall wird im Deutschen keine Präposition verwendet)

*La bicicleta es **de** Pedro.*	Das Fahrrad gehört Pedro.
*La moto **de** Miguel es roja.*	Miguels Motorrad ist rot.

■ Stoff/Material

La mochila es ***de*** *materia sintética.*	Der Rucksack ist **aus** Kunststoff.

Oft entspricht diese Konstruktion im Deutschen einem zusammengesetzten Substantiv bzw. einem Substantiv mit attributivem Adjektiv:

Le regalaron un reloj ***de*** *oro.*	Sie schenkten ihm eine goldene Uhr.
Lleva una camisa ***de*** *algodón.*	Er trägt ein Baumwollhemd.

■ Merkmal

Es una chica ***de*** *piel morena.*	Sie ist ein Mädchen mit dunkler Haut.

■ Menge (in diesem Fall steht im Deutschen keine Präposition)

Compré un kilo ***de*** *tomates.*	Ich habe ein Kilo Tomaten gekauft.
Se bebió dos vasos ***de*** *vino.*	Er trank zwei Gläser Wein.
Compramos un poco ***de*** *queso.*	Wir kauften etwas Käse.

■ Ursache, Grund

Nos morimos ***de*** *risa.*	Wir lachten uns tot.
Me morí ***de*** *miedo.*	Ich fiel vor Angst tot um.
Se murió ***de*** *SIDA.*	Er starb an Aids.

- **Ortsangaben/geografische Namen** (in diesem Fall steht im Deutschen keine Präposition)

Palamós está en la provincia ***de*** *Girona.*	Palamós ist in der Provinz Gerona.
La isla ***de*** *Malta está en el Mediterráneo.*	Die Insel Malta liegt im Mittelmeer.

- **Datum** (*de* steht zwischen Tag und Monat und Monat und Jahr; auch in diesem Fall steht im Deutschen keine Präposition)

Hoy es (el) dos ***de*** *mayo.*	Heute ist der 2. Mai.
Madrid, (a) quince ***de*** *abril* ***de*** *1998.*	Madrid, den 15. April 1998.
En el mes ***de*** *agosto hace mucho calor.*	Im Monat August ist es sehr heiß.

- Kombination von **Uhr- und Tageszeit**

Las tiendas abren a las diez ***de*** *la mañana.*	Die Geschäfte öffnen um zehn Uhr morgens.
a las cuatro ***de*** *la tarde*	um vier Uhr nachmittags
a las once ***de*** *la noche*	um elf Uhr nachts

Zu den Tageszeiten ohne Uhrzeit ↗ *por* (S. 55).

desde/desde hace

Neben der Bedeutung von „von“ (↗ S. 46 u. 48) hat *desde/desde hace* die von „seit“, wobei *desde* sich auf einen Zeit**punkt**, *desde hace* sich auf einen Zeit**raum** bezieht.

***Desde** 1898, Cuba es un país independiente.*	**Seit** 1898 ist Kuba ein unabhängiges Land.
*Cuba es independiente **desde hace** mas de cien años.*	Kuba ist **seit** über 100 Jahren unabhängig.

en

Neben den auf den Seiten 46–48 genannten Funktionen wird *en* benutzt zum Ausdruck von:

- **Art und Weise**

¿Qué significa «subjuntivo» en alemán?	Was heißt „subjuntivo" **auf** Deutsch?
*Fuimos a Medellín **en** avión.*	Wir flogen **mit** dem Flugzeug nach Medellín.
*¿Cómo fuiste? ¿**En** tren?*	Wie fuhrst du dahin? **Mit** dem Zug?
*Nos gusta viajar **en** barco.*	Wir reisen gern **mit** dem Schiff.

AUSNAHMEN *ir a pie, ir a caballo* (↗ S. 49)

- **Richtung** (im Sinn von „in etwas hineingehen“)

*Un cliente entra **en** la tienda.*	Ein Kunde betritt das Geschäft.
*En 1808, Napoleón entró **en** España.*	1812 drang Napoleon **in** Spanien ein.

Die „schwierigen" Präpositionen *por* und *para*

Für deutschsprachige Spanischlernende ist der richtige Gebrauch dieser beiden Präpositionen ziemlich schwierig, unter anderem weil in manchen Fällen die deutsche Entsprechung für beide Präpositionen gleich ist: „für". Hier eine Lernhilfe:

Spanisch	Französisch	Latein
para	pour	pro
por	par	per

Die beiden Präpositionen haben oft die gleiche Funktion wie ihre Entsprechungen in den beiden anderen Sprachen.

para

Diese Präposition wird benutzt zum Ausdruck von:

- **Bestimmung/Zweck/Ziel(richtung)**

*Este regalo es **para** Julia.*	Dieses Geschenk ist **für** Julia.
*¿Hay algo **para** comer?*	Gibt es etwas **zu** essen?
*Lo haré **para** mañana.* *El profe ya va **para** sesenta.*	Ich mache es **für** morgen. Der Lehrer wird schon 60 (Jahre) sein/geht schon auf die 60 zu.
*El tren **para** Barcelona sale a las ocho.*	Der Zug **nach** Barcelona fährt um acht Uhr ab.

Bei den meisten Verben der Bewegung wird die Präposition *a* benutzt (↗ S. 46). Die Präposition *para* drückt hier eher die Zielrichtung aus und ist daher weniger bestimmt.
In manchen Fällen kann man dafür auch die Präposition *hacia* benutzen: *Va **para** el norte. Va **hacia** el norte.*

- **Verhältnis/Vergleich**

*Jorge está muy alto **para** sus 13 años.*	Jorge ist **für** seine 13 Jahre sehr groß.
***Para** ser alemán hablas muy bien español.*	**Für** einen Deutschen sprichst du sehr gut Spanisch.

por

Die Präposition *por* wird benutzt:

- im **Passiv** vor dem „Urheber" (↗ S. 92)

*El poema fue escrito **por** Antonio Machado.*	Das Gedicht wurde **von** Antonio Machado geschrieben.

- zum **Ausdruck eines Grundes/einer Ursache**

*No puede ir de vacaciones **por** falta de dinero.*	Er kann **aus** Geldmangel nicht in Urlaub fahren.
*Cerrado **por** huelga general.*	**Wegen** Generalstreiks geschlossen.
*Lo ha hecho **por** ti.*	Er hat es **für** dich/deinetwegen gemacht.

Die Schwierigkeit besteht im letzten Beispiel für dich darin, dass du mit Fug und Recht behaupten kannst, man könnte einen Zweck unterstellen (→ *para*). Jedoch tritt im Spanischen der Grund oder Anlass stärker in den Vordergrund („deinetwegen"). Diese Erscheinung tritt bei fast allen Wendungen auf, die ein Gefühl ausdrücken.

BEISPIEL

*Puri está loca **por** Miguel.* – Puri ist verrückt **nach** Miguel.

- zum **Ausdruck eines Durchgangsorts**

*Venimos **por** la calle de Goya.*	Wir kamen **durch/über** die Goyastraße.
*Dimos un paseo **por** el barrio.*	Wir machten ein Spaziergang **durch** das Stadtviertel.
*El tren para Madrid pasa **por** Zaragoza.*	Der Zug Richtung Madrid fährt **über** Zaragoza.

- zum **Ausdruck vager Orts-/Zeitangaben**

*¿La pensión Manoli? Está **por** allí.*	Die Pension Manoli? Die ist dahinten.
***Por** las afueras hay varias discotecas.*	**In** der Umgebung gibt es mehrere Discos.
*La esperamos **por** el 15 de julio.*	Wir erwarten sie um den 15. Juli herum.

So auch bei der Tageszeit:

*Nos vimos **por** la tarde.*	Wir sahen uns nachmittags.
***por** la mañana*	morgens/vormittags
***por** la noche*	abends/nachts

Zu den Tageszeiten mit Uhrzeit ↗ *de* (S. 51).

- zum **Ausdruck des Mittels/der Art und Weise**

*Te mando el paquete **por** avión.*	Ich schicke dir das Paket **mit** Luftpost.
*Se casaron **por** la iglesia.*	Sie heirateten kirchlich.

- zum **Ausdruck des Preises/Tauschs**

*Compré el ordenador **por** 400 euros.*	Ich habe den Computer **für** 400 Euro gekauft.
*Te doy la moto **por** el ordenador.*	Ich tausche das Motorrad **gegen** den Computer.

- zum **Ausdruck von „anstelle von"**

*He comprado los sellos **por** ti.*	Ich habe die Briefmarken **für** dich gekauft.

- zum **Ausdruck des Einverständnisses**

***Por** mí que lo haga.*	Meinetwegen soll sie es tun.

- zum Ausdruck von **Gleichwertigkeit**

*La tenemos **por** una profesora competente.*	Wir halten sie für eine kompetente Lehrerin.

Lerncheck

Kapitel „Wortarten“	O.K. ✔	Das muss ich noch mal lesen
Ich kann die Singular- und die Pluralformen des bestimmten und des unbestimmten Artikels aufsagen.		S. 12, 13
Ich kann Substantive anhand ihrer Endung in männliche und weibliche Nomen einteilen und weiß, wie man ihren Plural bildet.		S. 13, 14
Ich kenne die Maskulin- und Femininformen der Adjektive und kann zusammenfassen, in welchen Fällen sie *vor* oder *nach* dem Substantiv stehen.		S. 16–19
Ich kann alle sechs Personalformen der Subjekt- und Objektpronomen (betont und unbetont) wiedergeben.		S. 22–24
Ich kann alle sechs Personalformen der unbetonten und betonten Possessivpronomen nennen.		S. 27
Ich kann verschiedene Relativpronomen nennen und weiß, wie sie verwendet werden.		S. 33–37
Ich kenne den Unterschied zwischen Adjektiv und Adverb und weiß, wie vom Adjektiv abgeleitete Adverbien gebildet werden.		S. 40–42
Ich kann den Gebrauch der Präposition *a* bei direkten und indirekten Objekten unterscheiden und erklären.		S. 44, 45
Ich kann jeweils vier verschiedene Präpositionen für örtliche und für zeitliche Beziehungen aufzählen.		S. 46–48
Ich weiß, was die Präpositionen *para* und *por* bedeuten und kann Beispiele für ihre Verwendung nennen.		S. 53–56

3 Das Verb

Es gibt eine Reihe von Verben, die verschiedene Stämme haben, die sich teilweise auch noch innerhalb einer Konjugation ändern.

Du kannst dir das Lernen der Verbformen und Endungen etwas erleichtern, indem du immer daran denkst, dass es im Spanischen – wie im Französischen auch – **zwei** „Personengruppen“ gibt:
– stammbetonte
– endungsbetonte

stammbetont	endungsbetont
1. Person Singular	
2. Person Singular	
3. Person Singular	
	1. Person Plural
	2. Person Plural
3. Person Plural	

BEISPIEL das unregelmäßige Verb *decir* im Präsens

stammbetont	endungsbetont
digo	
dices	
dice	
	decimos
	decís
dicen	

3.1 Das Präsens
El presente

Formen: Regelmäßige Bildung

		hablar sprechen	***comer*** essen	***vivir*** leben
Sing. 1.	*(yo)*	*habl* ***o***	*com* ***o***	*viv* ***o***
2.	*(tú)*	*habl* ***as***	*com* ***es***	*viv* ***es***
3.	*(él/ella/usted)*	*habl* ***a***	*com* ***e***	*viv* ***e***
Pl. 1.	*(nosotros/-as)*	*habl* ***amos***	*com* ***emos***	*viv* ***imos***
2.	*(vosotros/-as)*	*habl* ***áis***	*com* ***éis***	*viv* ***ís***
3.	*(ellos/ellas/ ustedes)*	*habl* ***an***	*com* ***en***	*viv* ***en***

Die Endungen der Verben auf *-er* und *-ir* sind im **Singular** und in der **3. Person Plural** identisch. Nur die **1.** und **2. Person Plural** haben unterschiedliche Endungen.

BEACHTE Die **2. Person Plural** trägt bei allen mehrsilbigen Formen einen Akzent!

Stammveränderung
Bei zahlreichen Verben der *-ar*, *-er* und *-ir*-Konjugation wird der Stammvokal *e* bzw. *o* im gesamten **Singular** und in der **3. Person Plural** in den Diphthong (= Doppellaut) ***ie*** bzw. ***ue*** umgewandelt.

[*e* → *ie*]					
pensar	denken	*querer*	wollen	*sentir*	fühlen
pienso	*pensamos*	*quiero*	*queremos*	*siento*	*sentimos*
piensas	*pensáis*	*quieres*	*queréis*	*sientes*	*sentís*
piensa	*piensan*	*quiere*	*quieren*	*siente*	*sienten*

Ebenso:

cerrar – schließen *empezar* – anfangen *sentarse* – sich setzen	*entender* – verstehen *tener (tengo)* – haben *venir (vengo)* – kommen

[o → ue]					
contar	rechnen	*poder*	können	*dormir*	schlafen
cuento	*contamos*	*puedo*	*podemos*	*duermo*	*dormimos*
cuentas	*contáis*	*puedes*	*podéis*	*duermes*	*dormís*
cuenta	*cuentan*	*puede*	*pueden*	*duerme*	*duermen*

Ebenso:

acordarse – schließen *recordar* – erinnern *costar* – kosten	*encontrar* – treffen, finden *volver* – zurückkehren *morir* – sterben

Die Änderung des Stammvokals *e* zu *i* kommt nur in der 3. Konjugationsgruppe (Endung: *-ir*) vor.

[e → i]	
pedir	bitten
pido	*pedimos*
pides	*pedís*
pide	*piden*

Ebenso:

repetir – wiederholen	*seguir* – folgen	*decir (digo)* – sagen

Vergleiche auch die Hinweise zur Änderung der Schreibweise nach den Ausspracheregeln des Spanischen ↗ S. 117

Verben mit unregelmäßiger 1. Person Singular

Infinitiv		1. Pers. Sg.		Ebenso
poner	stellen, legen	***pongo***	*pones, pone, …*	*suponer, proponer*
tener	haben	***tengo***	*tienes, tiene, …*	
venir	kommen	***vengo***	*vienes, viene, …*	*convenir*
decir	sagen	***digo***	*dices, dice, …*	
hacer	machen	***hago***	*haces, hace, …*	*deshacer*
salir	hinausgehen	***salgo***	*sales, sale, …*	
traer	bringen	***traigo***	*traes, trae, …*	*contraer, caer*
conocer	kennen	***conozco***	*conoces, conoce, …*	*desconocer*
parecer	scheinen	***parezco***	*pareces, parece, …*	*comparecer, aparecer, desaparecer,*
reducir	reduzieren	***reduzco***	*reduces, reduce, …*	*conducir, producir, traducir*
dar	geben	***doy***	*das, da, …*	
saber	wissen	***sé***	*sabes, sabe, …*	

3

Diese unregelmäßigen Formen der 1. Person Singular Präsens sind sehr wichtig: Sie enthalten die **Stammformen** für den *presente de subjuntivo* (↗ S. 72–78).

Unregelmäßige Verben

ser	*estar*	*ir*	*oír*	*ver*	*haber*
sein	sein	fahren, gehen	hören	sehen	haben
soy	*estoy*	*voy*	*oigo*	*veo*	*he*
eres	*estás*	*vas*	*oyes*	*ves*	*has*
es	*está*	*va*	*oye*	*ve*	*ha*
somos	*estamos*	*vamos*	*oímos*	*vemos*	*hemos*
sois	*estáis*	*vais*	*oís*	*veis*	*habéis*
son	*están*	*van*	*oyen*	*ven*	*han*

3.2 Die Vergangenheitszeiten
Tiempos del pasado

Formen: Regelmäßige Bildung

		hablar	***comer***	***vivir***
		sprechen	essen	leben
indefinido		*habl **é*** *habl **aste*** *habl **ó*** *habl **amos*** *habl **asteis*** *habl **aron***	*com **í*** *com **iste*** *com **ió*** *com **imos*** *com **isteis*** *com **ieron***	*viv **í*** *viv **iste*** *viv **ió*** *viv **imos*** *viv **isteis*** *viv **ieron***
imperfecto		*habl **aba*** *habl **abas*** *habl **aba*** *habl **ábamos*** *habl **abais*** *habl **aban***	*com **ía*** *com **ías*** *com **ía*** *com **íamos*** *com **íais*** *com **ían***	*viv **ía*** *viv **ías*** *viv **ía*** *viv **íamos*** *viv **íais*** *viv **ían***
perfecto (pasado compuesto)	***he*** ***has*** ***ha*** ***hemos*** ***habéis*** ***han***	*habl **ado***	*com **ido***	*viv **ido***
pluscuam-perfecto	***había*** ***habías*** ***había*** ***habíamos*** ***habíais*** ***habían***	*habl **ado***	*com **ido***	*viv **ido***

Verwechsle nicht die Formen des *participio* (***-ado***, ***-ido***) mit denjenigen des *gerundio* (***-ando***, ***-iendo***) (↗ S. 85).

Unregelmäßige Formen

Es gibt nur drei unregelmäßige Verben im *imperfecto*. Konzentriere dich daher auf die unregelmäßigen Partizipien des *perfecto* und das *pluscuamperfecto* und die unregelmäßigen Verben des *indefinido*. Sie werden leider sehr häufig gebraucht.

Imperfecto

Die drei unregelmäßigen Verben des *imperfecto* sind:

ir	***ser***	***ver***
gehen	sein	sehen
iba *ibas* *iba* *íbamos* *ibais* *iban*	*era* *eras* *era* *éramos* *erais* *eran*	*veía* *veías* *veía* *veíamos* *veíais* *veían*

Perfecto und *pluscuamperfecto*

Das *participio perfecto*, das für beide Zeiten gebraucht wird, ist bei folgenden Verben unregelmäßig.

abrir	öffnen	***abierto***
cubrir	bedecken	***cubierto***
decir	sagen	***dicho***
escribir	schreiben	***escrito***
hacer	machen	***hecho***
imprimir	drucken	***impreso***
morir	sterben	***muerto***
poner	stellen	***puesto***
resolver	lösen	***resuelto***
romper	zerbrechen	***roto***
ver	sehen	***visto***
volver	zurückkehren	***vuelto***

- Entsprechend unregelmäßig sind auch die davon ableitbaren Verben, wie z. B.
  - *poner:* *suponer* – vermuten
    proponer – vorschlagen
  - *hacer:* *deshacer* – zunichtemachen
    satisfacer – befriedigen
  - *cubrir:* *descubrir* – entdecken
  - *volver:* *devolver* – zurückgeben
    envolver – einwickeln
  - *resolver:* *disolver* – auflösen

Indefinido

Die Gruppen der Verben auf *-ir*, die im Präsens den Stammvokal verändern (*e* → *ie*, *e* → *i*, *o* → *ue*, *o* → *u*), haben auch im *indefinido* eine **Stammvokalveränderung**: *e* → *i* bzw. *o* → *u* in der **3. Person Singular und Plural**.

pedir			***morir***		
bitten	ebenso		sterben	ebenso	
pedí			*morí*	*dormir*	schlafen
pediste	*repetir*	wiederholen	*moriste*		
pidió	*seguir*	folgen	*murió*		
pedimos	*conseguir*	erreichen	*morimos*		
pedisteis	*elegir*	wählen	*moristeis*		
pidieron	*sentirse*	sich fühlen	*murieron*		

BEACHTE Die unregelmäßigen Formen der 3. Person Plural des ***indefinido*** sind sehr wichtig: Sie enthalten die **Stammformen** für den ***imperfecto de subjuntivo*** (↗ S. 79).

Weitere häufig gebrauchte unregelmäßige Verben im *indefinido* sind:

dar	***ir***	***ser***	***estar***	***tener***
geben	gehen/fahren	sein	sein	haben
di *diste* *dio* *dimos* *disteis* *dieron*	*fui* *fuiste* *fue* *fuimos* *fuisteis* *fueron*		*estuve* *estuviste* *estuvo* *estuvimos* *estuvisteis* *estuvieron*	*tuve* *tuviste* *tuvo* *tuvimos* *tuvisteis* *tuvieron*

andar	***poder***	***poner***	***saber***
gehen	können	stellen	wissen
anduve *anduviste* *anduvo* *anduvimos* *anduvisteis* *anduvieron*	*pude* *pudiste* *pudo* *pudimos* *pudisteis* *pudieron*	*puse* *pusiste* *puso* *pusimos* *pusisteis* *pusieron*	*supe* *supiste* *supo* *supimos* *supisteis* *supieron*

haber	***hacer***	***querer***	***venir***
haben	machen	wollen	kommen
hube *hubiste* *hubo* *hubimos* *hubisteis* *hubieron*	*hice* *hiciste* *hizo* *hicimos* *hicisteis* *hicieron*	*quise* *quisiste* *quiso* *quisimos* *quisisteis* *quisieron*	*vine* *viniste* *vino* *vinimos* *vinisteis* *vinieron*

decir	***traer***	***reducir***
sagen	bringen	reduzieren
dije *dijiste* *dijo* *dijimos* *dijisteis* *dijeron*	*traje* *trajiste* *trajo* *trajimos* *trajisteis* *trajeron*	*reduje* *redujiste* *redujo* *redujimos* *redujisteis* *redujeron*

- Entsprechend unregelmäßig sind auch die davon ableitbaren Verben wie z. B.
  - *decir:* *contradecir* – widersprechen
    maldecir – verfluchen
  - *hacer:* *deshacer* – zunichtemachen
    satisfacer – befriedigen
  - *poner:* *suponer* – vermuten
    proponer – vorschlagen
  - *reducir:* *traducir* – übersetzen
    producir – produzieren
  - *tener:* *mantener* – unterhalten
    abstenerse – sich enthalten
  - *traer:* *atraer* – anziehen
    contraer – zusammenziehen
  - *venir:* *convenir* – übereinkommen
    prevenir – vorher benachrichtigen

Die Regel, dass ein unbetontes *i* zwischen zwei Vokalen zu *y* wird, hat zur Folge, dass Verben wie *caer*, *leer* und *oír* folgendermaßen konjugiert werden:

caer	***leer***	***oír***
fallen	lesen	hören
caí *caíste* *cayó* *caímos* *caísteis* *cayeron*	*leí* *leíste* *leyó* *leímos* *leísteis* *leyeron*	*oí* *oíste* *oyó* *oímos* *oísteis* *oyeron*

Vergleiche auch die Hinweise zur Änderung der Schreibweise nach den Ausspracheregeln des Spanischen ↗ S. 117.

Gebrauch

Perfecto

Das *perfecto* bezeichnet Geschehen in einem **Zeitraum, der noch nicht abgeschlossen ist**, oft in Verbindung mit Ausdrücken wie *esta semana, este año, hoy, desde (hace) …, ya, todavía no, hasta ahora (no), …*

Esta semana he trabajado mucho.	Diese Woche habe ich viel gearbeitet.
Desde hace 2 días no he vuelto a verlo.	Seit zwei Tagen habe ich ihn nicht wieder gesehen.
¿Dónde has estado todo el tiempo?	Wo bist du die ganze Zeit (bis jetzt) gewesen?
He hablado con Jorge.	Ich habe (inzwischen) mit Jorge gesprochen.

Das *perfecto* bezeichnet auch abgeschlossene Handlungen, wenn sie **gerade erst passiert** sind oder wenn ihre Bedeutung für die Gegenwart besonders herausgestellt werden soll (weil ihr **Ergebnis wichtig** ist).

Esta mañana me he despertado muy tarde.	Heute Morgen bin ich sehr spät aufgewacht.
Me he comprado un coche.	Ich habe mir ein Auto gekauft (jetzt habe ich eins).

Indefinido

Das *indefinido* bezeichnet in der Vergangenheit **abgeschlossene Geschehen**, oft in Verbindung mit der expliziten Angabe eines bestimmten Zeitpunkts oder abgeschlossenen Zeitraums wie *ayer, anoche, aquel día, el año pasado, en 2011, en el siglo XX, …*

Tres jóvenes resultaron heridos …	Drei junge Leute wurden verletzt …
Con la niebla no vimos nada.	Bei dem Nebel sahen wir nichts.
El accidente ocurrió ayer.	Der Unfall geschah gestern.
El sábado fuimos a la fiesta.	Samstag gingen wir zur Fete/Party.
Fue la noche más larga de mi vida.	Es war die längste Nacht in meinem Leben …
De repente perdí el control del coche.	Plötzlich verlor ich die Kontrolle über den Wagen.

In Erzählungen und Berichten dient das *indefinido* zur **Schilderung des eigentlichen Handlungsablaufs**.

Entonces ocurrió: quedamos atrapados en el coche.	Da passierte es: Wir blieben im Auto eingeklemmt.
Sonó el teléfono, nos enteramos del accidente, fuimos de prisa al hospital.	Das Telefon schellte, wir erfuhren von dem Unfall, wir fuhren schnell ins Krankenhaus.

Imperfecto

Das *imperfecto* dient in erster Linie zur **Beschreibung einer Situation** oder sich **wiederholender Handlungen**.

Era un viernes por la noche …	Es war eines Freitags Nacht …
Hacía mucho frío … *Parecían tener mucha prisa.*	Es war sehr kalt … Sie schienen es sehr eilig zu haben.

Imperfecto und *indefinido* im Kontext

Das *imperfecto* dient zur Beschreibung einer Situation, die dann den **Hintergrund** (Rahmen, Erklärung) für die eigentliche Haupthandlung bildet, die im *indefinido* stehen muss.

Iba al trabajo como todos los días, *cuando vi el coche al lado de la carretera.*	Ich fuhr wie jeden Tag zur Arbeit, als ich das Auto neben der Straße sah.	Hintergrund Haupthandlung
Estábamos durmiendo *cuando sonó el teléfono.*	Wir schliefen (gerade), als das Telefon klingelte.	Hintergrund Haupthandlung
La fiesta resultó fantástico: *había muchísima gente …*	Die Fete/Party war toll: Es waren unheimlich viele Leute da …	Feststellung Erklärung

Das *indefinido* bezeichnet oft neu eintretende Handlungen. Deshalb haben einige Verben in diesem Tempus besondere Bedeutungen.

	imperfecto		***indefinido***	
conocer *saber*	*conocía* *sabía*	ich kannte ich wusste	*conocí* *supe*	ich lernte kennen ich erfuhr

Zum Gebrauch des *imperfecto* in der indirekten Rede ↗ S. 101–104.

Pluscuamperfecto

Das *pluscuamperfecto* bezeichnet wie im Deutschen eine **Handlung, die beendet war**, als eine andere eintrat.

Cuando llegó a la estación, *ya había salido el tren.*	Als er am Bahnhof ankam, war der Zug schon abgefahren.

Zum Gebrauch des *pluscuamperfecto* in der indirekten Rede ↗ S. 101–104.

3.3 Der Imperativ
El imperativo

Formen

Besondere **Imperativformen** gibt es im Spanischen nur für

- die 2. Person Singular bejaht: *toma* nimm!
- die 2. Person Plural bejaht: *tomad* nehmt!

Alle anderen Imperative werden durch das *presente de subjuntivo* ausgedrückt (↗ S. 72–78).

Der **bejahte** Imperativ der **2. Person Singular** entspricht der **3. Person Singular** *des presente de indicativo.*

hablar	*habla*	sprich!
beber	*bebe*	trink!
repetir	*repite*	wiederhol!

Ausnahmen sind unter anderem:

decir	***di***	sag!
hacer	***haz***	tu!
ir(se)	***ve(te)***	geh (weg)!
poner	***pon***	stell!/leg!
salir	***sal***	geh raus!
ser	***sé***	sei!
tener	***ten***	hab!/nimm!
venir	***ven***	komm!

Der **bejahte** Imperativ der **2. Person Plural** wird gebildet, indem man das *-r* des Infinitivs durch *-d* ersetzt.

hablar	*habla**d***	sprecht!
beber	*bebe**d***	trinkt!
repetir	*repeti**d***	wiederholt!

Imperative, die durch das *presente de subjuntivo* ausgedrückt werden, sind

- all die **verneinten** Formen für die **2. Person Singular und Plural**

no tomes	nimm nicht!	*no toméis*	nehmt nicht!
no bebas	trink nicht!	*no bebáis*	trinkt nicht!

- die Imperative für die **Höflichkeitsformen** *usted* und *ustedes*

(no) tome	nehmen Sie (nicht)!	*(no) tomen*	nehmen Sie (nicht)!
(no) beba	trinken Sie (nicht)!	*(no) beban*	trinken Sie (nicht)!

- die **Aufforderung an uns selbst**

(no) tomemos	nehmen wir (nicht)!
(no) bebamos	trinken wir (nicht)!

3

Stellung von Personal- und Reflexivpronomen

Personal- und Reflexivpronomen werden bei **bejahten** Imperativen **angehängt** (evtl. neuer **Betonungsakzent**!), bei **verneinten** Imperativen aber **vorangestellt**.

bejaht		verneint	
tómalo	nimm es!	*no lo tomes*	nimm es nicht!
dígamelo	sagen Sie es mir!	*no me lo diga*	sagen Sie es mir nicht!

Vor dem reflexiven *-os* (euch) wird entweder die Infinitivform gebraucht oder das *-d* des Imperativs weggelassen.

BEISPIEL *sentarse: sentaros* oder *sentaos* – setzt euch!

3.4 Das *presente de subjuntivo*

El presente de subjuntivo

Bildung

Regelmäßige Bildung

Die Verben auf *-ar* haben in der Endung den Vokal *e*, die auf *-er* und *-ir* den Vokal *a*.

		hablar	***comer***	***vivir***
		sprechen	essen	leben
Sing.	1.	*habl* ***e***	*com* ***a***	*viv* ***a***
	2.	*habl* ***es***	*com* ***as***	*viv* ***as***
	3.	*habl* ***e***	*com* ***a***	*viv* ***a***
Pl.	1.	*habl* ***emos***	*com* ***amos***	*viv* ***amos***
	2.	*habl* ***éis***	*com* ***áis***	*viv* ***áis***
	3.	*habl* ***en***	*com* ***an***	*viv* ***an***

Die Endungen der 1. und 3. Person Singular sind immer gleich.

Stammform und Stammveränderung

Die Stammform des *presente de subjuntivo* wird aus der 1. Person *Singular des presente de indicativo* abgeleitet (↗ S. 59–61). Die Endungen sind regelmäßig.

infinitivo		***1ª persona singular de indicativo***	***presente de subjuntivo***
decir	sagen	*dig o*	*dig a, dig as, …*
conocer	kennen	*conozc o*	*conozc a, conozc as, …*
seguir	folgen	*sig o*	*sig a, sig as, …*

Auch im *presente de subjuntivo* gibt es **keine** Diphthongierung (S. 9) in der **1. und 2. Person Plural**.

infinitivo		*1ª persona singular de indicativo*	*presente de subjuntivo*
pensar	denken	*pienso*	*piense, …/pensemos, …*
poder	können	*puedo*	*pueda, …/podamos, …*

Einige Verben auf *-ir* diphthongieren (↗ S. 9) **und** wandeln in der **1. u. 2. Person Plural** *e* zu *i* bzw. *o* zu *u*.

sentir	*preferir*	*dormir*	*morir*
fühlen	vorziehen	schlafen	sterben
sienta	*prefiera*	*duerma*	*muera*
sientas	*prefieras*	*duermas*	*mueras*
sienta	*prefiera*	*duerma*	*muera*
sintamos	*prefiramos*	*durmamos*	*muramos*
sintáis	*prefiráis*	*durmáis*	*muráis*
sientan	*prefieran*	*duerman*	*mueran*

3

Die sechs unregelmäßigen Verben

dar	*estar*	*ser*	*saber*	*ir*	*haber*
geben	sein	sein	wissen	gehen	(haben)/ es gibt
dé	*esté*	*sea*	*sepa*	vaya	*(haya)*
des	*estés*	*seas*	*sepas*	vayas	*(hayas)*
dé	*esté*	*sea*	*sepa*	vaya	*haya*
demos	*estemos*	*seamos*	*sepamos*	vayamos	*(hayamos)*
deis	*estéis*	*seáis*	*sepáis*	vayáis	*(hayáis)*
den	*estén*	*sean*	*sepan*	vayan	*(hayan)*

Gebrauch

Im Hauptsatz

Das *presente de subjuntivo* steht

- im Hauptsatz als **Imperativ**, wenn keine eigenen Imperativformen existieren (↗ S. 70).
- bei – meist floskelhaften – **Wünschen** oder **Willensäußerungen.**

*¡Que **aproveche**!* *¡**Viva** España!* *¡Que te **diviertas**!*	Guten Appetit! Es lebe Spanien! Viel Spaß!
*¡Que os **divirtáis**!* *¡Que **venga**!* *¡Ojalá **haga** buen tiempo!*	Viel Spaß! (Sag ihm,) er soll kommen! Hoffentlich ist schönes Wetter!

- meist nach Wörtern, die **„vielleicht"** bedeuten.

*Quizás **venga** mañana.* *Tal vez **venga** mañana.*	Vielleicht kommt sie morgen.

BEACHTE Nach *a lo mejor* steht jedoch der **Indikativ**.

*A lo mejor **viene** mañana.*	Vielleicht kommt sie morgen.

Im *que* -Satz (*que* = dass)

Das *presente de subjuntivo* steht im *que*-Satz

- nach Verben, die eine **Willensäußerung** ausdrücken (wollen, wünschen, bitten, befehlen, hoffen, erlauben, verbieten, vorschlagen, erreichen, verhindern, …).

*Quiere que **vengas** pronto.*	Sie will, dass du bald kommst.
*Espero que **vuelva**.* *¿Me permites que me **quede** aquí?*	Ich hoffe, dass er zurückkommt. Erlaubst du, dass ich hierbleibe?
*Propongo que **vayas** en bici.*	Ich schlage vor, dass du mit dem Fahrrad fährst.

- nach Verben, die eine **Gefühlsäußerung** oder **subjektive Beurteilung** ausdrücken (sich freuen, sich ärgern, bedauern, sich wundern, befürchten, …).

Me alegro (de) que ***puedas*** *venir.*	Ich freue mich, dass du kommen kannst.
Siento que no ***vengas*** *a la fiesta.*	Es tut mir leid, dass du nicht zur Fete kommst.
Tememos que no lo ***sepa****.*	Wir fürchten, dass sie es nicht weiß.

- nach Verben, die **Zweifel** ausdrücken (bezweifeln, nicht glauben, …).

Dudo que ***tengas*** *razón.*	Ich bezweifle, dass du recht hast.
No creo que lo ***hagan****.*	Ich glaube nicht, dass sie das tun.

BEACHTE Nach *creer que* (nicht verneint) steht der **Indikativ**.

Creo que lo ***hacen****.*	Ich glaube, dass sie das tun.

- nach Verben des **Mitteilens** (sagen, antworten, schreiben, …), wenn sie als **Aufforderung** verstanden werden. Die entsprechende Nebensatzkonstruktion im Deutschen ist: „sollen“ + Infinitiv.

Dile que me ***llame****.*	Sag ihm, er soll mich anrufen.
Me escribe que ***vaya*** *pronto.*	Er schreibt mir, dass ich bald kommen soll.

BEACHTE Jedoch steht nach solchen Verben der **Indikativ**, wenn sie im Sinn von „berichten" gebraucht werden.

*Dice que nos **llama** mañana.*	Er sagt, dass er uns morgen anruft.
*Escribe que no **puede** venir.*	Sie schreibt, dass sie nicht kommen kann.

- nach fast allen **unpersönlichen Ausdrücken** (es ist wichtig, nötig, möglich, unsicher, gut, …).

*Es necesario que **vayamos**.*	Es ist nötig, dass wir hingehen.
*Es posible que no lo **sepa**.*	Es ist möglich, dass er es nicht weiß.
*Lo importante es que **llegues** a …*	Wichtig ist, dass du zur … kommst.

BEACHTE Wenn unpersönliche Ausdrücke **Sicherheit** oder **Wahrheit** ausdrücken, steht nach ihnen der **Indikativ**.

*Es seguro/es cierto que no **está**.*	Es ist sicher, dass sie nicht da ist.
*Es verdad que no **tengo** tiempo.*	Es ist wahr, dass ich keine Zeit habe.

Im Relativsatz

Das *presente de subjuntivo* steht im Relativsatz

- wenn er einen **Wunsch** oder eine **Bedingung** beinhaltet.

*Necesito a alguien que **sepa** francés.*	Ich brauche jemanden, der Französisch kann.
*Busco un coche que **consuma** poco.*	Ich suche ein Auto, das wenig verbraucht.

- wenn sein **Bezugswort** (noch) **unbekannt** ist.

*Haré lo que me **digas**.*	Ich tue, was du willst. (Ich weiß noch nicht, was du willst.)
*Los estudiantes que se **presenten** a los exámenes tienen que pagar 25 euros.*	Die Studenten, die sich zur Prüfung melden, müssen 25 Euro bezahlen. (Man weiß noch nicht, welche Studenten sich melden.)

BEACHTE **Meist** wird jedoch der **Indikativ** verwendet, da im Normalfall der Inhalt bzw. das Bezugswort des Relativsatzes bekannt sind.

*Haré lo que me **dices**.*	Ich tue, was du willst. (Ich weiß schon, was du willst.)
*Los estudiantes que se **presentan** a los exámenes son muy listos.*	Die Studenten, die sich zur Prüfung melden, sind sehr schlau. (Man weiß schon, welche Studenten es sind/man kennt sie schon.)

Im Temporalsatz

Das *presente de subjuntivo* steht

- wenn sein Inhalt sich **auf die Zukunft bezieht** (z. B. nach *cuando* (wenn), *en cuanto* (sobald), *una vez que* (sobald), *antes (de) que* (bevor), *hasta que* (bis) etc.).

*Cuando **pases** por el cine …*	Wenn du am Kino vorbeikommst, …
*Una vez que **veas** la iglesia …*	Sobald du die Kirche siehst, …
*En cuanto **sepas** el resultado, dímelo.*	Sobald du das Ergebnis weißt, sag es mir.

Nach Konjunktionen

Das *presente de subjuntivo* steht

- nach ***para que*** (damit), ***sin que*** (ohne dass), ***caso que/en (el) caso de que*** (falls), ***con que/con tal que*** (vorausgesetzt, dass), ***a no ser que*** (es sei denn, dass).

*Te lo digo para que me **comprendas**.*	Ich sage es dir, damit du mich verstehst.
*Caso de que no **vayas** tú, voy yo.*	Falls du nicht gehst, gehe ich.

BEACHTE Nach *si* („wenn, falls") steht **nie** das *presente de subjuntivo*!

In Nebensätzen mit „was/wie/wo …"

- Wenn der entsprechende Nebensatz im Deutschen durch „**was** (auch immer)", „**wie** (auch immer)", „**wo** (auch immer), …" eingeleitet wird, steht ebenfalls das *presente de subjuntivo*.

*Haz lo que **quieras**.*	Mach, was du willst!
*¿Vamos al cine? – Como **quieras**.*	Gehen wir ins Kino? – Wie du willst.
***Sea** como **sea** …*	Wie dem auch sei …

3.5 Das *imperfecto* und das *pluscuamperfecto de subjuntivo*

El imperfecto y el pluscuamperfecto de subjuntivo

Bildung

Diese beiden Zeiten haben jeweils zwei Formen der Endungen, wobei die Formen auf *-ra*, *-ras* … vor allem in Spanien häufiger benutzt werden als die Formen auf *-se*, *-ses* …

		hablar	***comer***	***vivir***
		sprechen	essen	leben
imperfecto de subjuntivo (1. Form)		*habla **ra*** *habla **ras*** *habla **ra*** *hablá **ramos*** *habla **rais*** *habla **ran***	*comie **ra*** *comie **ras*** *comie **ra*** *comié **ramos*** *comie **rais*** *comie ran*	*vivie **ra*** *vivie **ras*** *vivie **ra*** *vivié **ramos*** *vivie **rais*** *vivie **ran***
(2. Form)		*habla **se*** *habla **ses*** *habla **se*** *hablá **semos*** *habla **seis*** *habla **sen***	*comie **se*** *comie **ses*** *comie **se*** *comié **semos*** *comie **seis*** *comie **sen***	*vivie **se*** *vivie **ses*** *vivie **se*** *vivié **semos*** *vivie **seis*** *vivie **sen***
pluscuam-perfecto de subjuntivo (1. Form)	*hubie **ra*** *hubie **ras*** *hubie **ra*** *hubié **ramos*** *hubie **rais*** *hubie **ran***	*habl **ado***	*com **ido***	*viv **ido***
(2. Form)	*hubie **se*** *hubie **ses*** *hubie **se*** *hubié **semos*** *hubie **seis*** *hubie **sen***	*habl **ado***	*com **ido***	*viv **ido***

Die **Stammform** des *imperfecto de subjuntivo* wird aus der 3. Person Plural des *indefinido* abgeleitet (↗ S. 62 und 64). Die Endungen sind für **alle** Verben regelmäßig.

infinitivo		*3ª persona Pl. de indefinido*	*imperfecto de subjuntivo*	
decir	sagen	*dije* ***ron***	*dije* ***ra****,* *dije* ***ras****, …*	*dije* ***se****,* *dije* ***ses****, …*
poner	setzen …	*pusie* ***ron***	*pusie****ra****,* *pusie* ***ras****, …*	*pusie* ***se****,* *pusie* ***ses****, …*
tener	haben	*tuvie* ***ron***	*tuvie* ***ra****,* *tuvie* ***ras****, …*	*tuvie* ***se****,* *tuvie* ***ses****, …*

BEACHTE Die **1. Person Plural** trägt immer einen **Akzent**.

*habl**á**ramos* *habl**á**semos*	*comiéramos* *comiésemos*	*viviéramos* *viviésemos*
dijéramos *dijésemos*	*pusiéramos* *pusiésemos*	*tuviéramos* *tuviésemos*

Gebrauch

Das *imperfecto de subjuntivo* wird dann benutzt, wenn die *subjuntivo*-**Auslöser** (↗ Gebrauch, S. 74–78) im *imperfecto*, *indefinido* oder *pluscuamperfecto* stehen.

Quería que vinieras pronto.	Sie wollte, dass du bald kämst.
Sentí que no fueras a la fiesta.	Es tat mir leid, dass du nicht zur Fete kamst.
Me escribió que fuera pronto.	Er schrieb mir, dass ich bald kommen sollte.
Lo importante era que llegaras a …	Es war wichtig, dass du zur … kamst.

Das *imperfecto* und das *pluscuamperfecto de subjuntivo* werden in einigen **Konditionalsätzen** benutzt (↗ S. 98–99).

Si lo supiera, te lo diría.	Wenn ich es wüsste, würde ich es dir sagen.
Si lo hubiera sabido, te lo habría dicho.	Wenn ich es gewusst hätte, hätte ich es dir gesagt.

Das *imperfecto de subjuntivo* steht in der Regel nach der Konjunktion ***como si*** (als ob).

BEISPIEL

Vive como si fuera rico. – Er lebt, als ob er reich wäre.

3.6 Das Futur und der Konditional
El futuro y el condicional

Bildung

Regelmäßige Bildung

Der **Stamm** des Futurs und des Konditionals ist der Infinitiv, an den die jeweiligen Endungen angehängt werden.

Die **Endungen** des *futuro* und des *condicional* sind in **allen Konjugationen** (*-ar*, *-er*, *-ir*) gleich.
Die Endungen des *condicional* sind identisch mit denen des ***imperfecto de indicativo*** der Verben auf *-er* und *-ir*.

		hablar	***comer***	***vivir***
		sprechen	essen	leben
futuro I *(futuro indicativo)*		*hablar* ***é*** *hablar* ***ás*** *hablar* ***á*** *hablar* ***emos*** *hablar* ***éis*** *hablar* ***án***	*comer* ***é*** *comer* ***ás*** *comer* ***á*** *comer* ***emos*** *comer* ***éis*** *comer* ***án***	*vivir* ***é*** *vivir* ***ás*** *vivir* ***á*** *vivir* ***emos*** *vivir* ***éis*** *vivir* ***án***
futuro II *(futuro perfecto)*	*habr* ***é*** *habr* ***ás*** *habr* ***á*** *habr* ***emos*** *habr* ***éis*** *habr* ***án***	*habl* ***ado***	*com* ***ido***	*viv* ***ido***
condicional I		*hablar* ***ía*** *hablar* ***ías*** *hablar* ***ía*** *hablar* ***íamos*** *hablar* ***íais*** *hablar* ***ían***	*comer* ***ía*** *comer* ***ías*** *comer* ***ía*** *comer* ***íamos*** *comer* ***íais*** *comer* ***ían***	*vivir* ***ía*** *vivir* ***ías*** *vivir* ***ía*** *vivir* ***íamos*** *vivir* ***íais*** *vivir* ***ían***
condicional II *(condicional compuesto)*	*habr* ***ía*** *habr* ***ías*** *habr* ***ía*** *habr* ***íamos*** *habr* ***íais*** *habr* ***ían***	*habl* ***ado***	*com* ***ido***	*viv* ***ido***

Unregelmäßige Bildung

Es gibt einige wichtige Verben mit unregelmäßigem Stamm für das Futur bzw. den Konditional. Dazu gehören:

infinitivo		***futuro I***	***condicional I***	**ebenso**
caber	passen in	*cabr **é** …*	*cabr **ía** …*	
decir	sagen	*dir **é** …*	*dir **ía** …*	contradecir
haber	haben	*habr **é** …*	*habr **ía** …*	
hacer	machen, tun	*har **é** …*	*har **ía** …*	deshacer, rehacer
poder	können	*podr **é** …*	*podr **ía** …*	
poner	legen, stellen	*pondr **é** …*	*pondr **ía** …*	suponer, proponer
querer	wollen, lieben	*querr **é** …*	*querr **ía** …*	
saber	wissen	*sabr **é** …*	*sabr **ía** …*	
salir	weggehen	*saldr **é** …*	*saldr **ía** …*	
satisfacer	befriedigen	*satisfar **é** …*	*satisfar **ía** …*	
tener	haben	*tendr **é** …*	*tendr **ía** …*	mantener, abstenerse
valer	wert sein, kosten	*valdr **é** …*	*valdr **ía** …*	
venir	kommen	*vendr **é** …*	*vendr **ía** …*	

Die Komposita *bendecir* (segnen) und *maldecir* (verfluchen) bilden das *futuro* und den *condicional* regelmäßig.

futuro I	***condicional I***
bendeciré	*bendeciría*
maldeciré	*maldeciría*

Gebrauch

Futur I

Das *futuro I* wird gebraucht

- für in der **Zukunft** liegende Handlungen oder Zustände:
  El mes que viene iré a España. – Im nächsten Monat fahre ich nach Spanien.
  Oft wird hierfür das futuro compuesto benutzt (↗ S. 89).
- zum Ausdruck der **Vermutung:**
  ¿Qué hora es? Serán las ocho. – Wie viel Uhr ist es? Es wird wohl 8 Uhr sein.
- zum Ausdruck einer **Forderung** oder eines **Gebots**:
  No matarás. – Du sollst nicht töten.

Das *futuro I* wird bei einigen **Konditionalsätzen** benutzt (↗ S. 98–99).

BEISPIEL *Si no llueve mañana, iremos de excursión.* – Wenn es morgen nicht regnet, machen wir einen Ausflug.

Futur II

Das *futuro II* wird gebraucht

- für in der Zukunft liegende Handlungen oder Zustände, die dann **schon passiert** sind:
  Mañana ya habrán olvidado el asunto. – Morgen werden sie die Angelegenheit schon vergessen haben.
- zum Ausdruck der Vermutung von etwas eventuell **schon Eingetretenem**:
  Ya habrá venido Juan. – Juan wird wohl schon angekommen sein.

Konditional I

Der *condicional I* wird zum Ausdruck der **Höflichkeit**, vor allem bei *gustar* und *poder*, gebraucht.

BEISPIEL *Me gustaría ir al cine.* – Ich würde gerne ins Kino gehen.

BEACHTE Beim Verb ***querer*** wird statt des *condicional* meist der *imperfecto de subjuntivo* benutzt:
(Querría) Quisiera verte. – Ich möchte dich gerne sehen.

Der *condicional I* wird zudem in einigen **Konditionalsätzen** benutzt (↗ S. 98–99).
BEISPIEL *Si lo supiera, te lo diría.* – Wenn ich es wüsste, würde ich es dir sagen.

Konditional II

Der *condicional II* wird in bestimmten **Konditionalsätzen** benutzt (↗ S. 98–99).
BEISPIEL *Si lo hubiera sabido, te lo habría dicho.* – Wenn ich es gewusst hätte, hätte ich es dir gesagt.

3.7 Wichtige unpersönliche Verbformen und Verbalkonstruktionen

Das *gerundio*

Bildung

Die Bildung des *gerundio* ist fast immer regelmäßig und bietet daher kaum Schwierigkeiten.

Der **Stamm des Infinitivs** (*habl-*, *com-*, *viv-*) ist auch der Stamm des *gerundio*. Die Verben auf *-ar* enden auf ***-ando***, die Verben auf *-er* und *-ir* auf ***-iendo***.

BEISPIELE *habl*ar → *habl**ando***, *com*er → *com**iendo***
*viv*ir → *viv**iendo***

BEACHTE Das *gerundio* wird **nie verändert**!

Ähnlich wie im *indefinido* gibt es folgende **Unregelmäßigkeiten** bei der Bildung des *gerundio*.

- Die Verben, die im *indefinido* den **Stammvokal** (teilweise) **ändern** (↗ S. 64), ändern ihn auch im *gerundio*:
  pedir → pidiendo, repetir → repitiendo, dormir → durmiendo, morir → muriendo

Bei den Verben, die auf *-aer*, *-eer*, *-uir* enden, sowie dem Verb *oír* wird das *i* zu *y*.

BEISPIELE *caer → cayendo, leer → leyendo, oír-→ oyendo*

Unregelmäßig sind die *gerundio*-Formen folgender Verben:
decir → diciendo, poder → pudiendo, venir → viniendo, ir → yendo

BEACHTE Denke daran, die Formen des *gerundio* nicht mit denen des *participio* zu verwechseln (↗ S. 62).

Gebrauch

In *frases verbales*

- Mit *estar + gerundio* wird die **Verlaufsform** *(forma durativa)* gebildet:
  *Mi hermano está **leyendo** un cómic.* – Mein Bruder **liest gerade** einen Comic.
- Mit *seguir/continuar + gerundio* wird die **Fortsetzung** einer Handlung ausgedrückt.

*Mi padre sigue **hablando**.*	Mein Vater **spricht immer noch**.
*Mi madre continúa **telefoneando**.*	Meine Mutter **telefoniert weiter**.

- Mit *ir + gerundio* wird die **sich allmählich verstärkende Entwicklung** einer Handlung ausgedrückt:
  Con el paro, la xenofobia va acentuándose. – Bei der Arbeitslosigkeit **tritt** die Ausländerfeindlichkeit **immer klarer hervor**.

- Mit *llevar* + Angabe eines Zeitraums + *gerundio* wird die **Fortsetzung** einer Handlung ausgedrückt:
  Lleva cinco años ***yendo*** *detrás de Ana.* – Er **ist schon** seit fünf Jahren hinter Ana **her**.

Wird die **Zeitangabe mit *desde (hace)*** gebildet, so wird diese dem *gerundio* normalerweise nachgestellt.
BEISPIEL *La Cruz Roja lleva* ***ayudando*** *a la humanidad desde 1863.* – Das Rote Kreuz **hilft** der Menschheit **schon seit** 1863.

Es gibt darüber hinaus seltener vorkommende Konstruktionen mit den Verben *andar*, *quedar(se)* oder *venir* + *gerundio*.

Als verkürzende Alternative zu einem adverbialen Nebensatz
Die wichtigsten Anwendungsmöglichkeiten sind:

- **konditional**
  Lloviendo*, no vamos de excursión a los Picos.* – **Wenn** es **regnet**, machen wir keinen Ausflug in die Picos.
  alternativ: *Si llueve, …*
- **konzessiv**
  Teniendo *mucho dinero, vive humildemente.* – **Obwohl** er viel Geld **hat**, lebt er bescheiden.
  alternativ: *Aunque tiene mucho dinero, …*
- **kausal**
  Queriendo *ser artista, no podrás vivir bien.* – **Da** du Künstler werden **willst**, wirst du nicht gut leben können.
  alternativ: *Como quieres ser artista, …*
- **temporal**
  Dando *una vuelta por el barrio, vi a Ana.* – Als ich eine Runde durch das Viertel **drehte**, sah ich Ana.
  alternativ: *Cuando daba un vuelta por el barrio, …*

Der Infinitiv

Substantivischer Gebrauch

Der Infinitiv kann substantivisch gebraucht werden. Dabei steht er oft in Verbindung mit einem **männlichen Begleiter** (unbestimmter oder bestimmter Artikel, Demonstrativum, Possessivum, Präposition, Adjektiv, präpositionale Ergänzung, …).

*El constante **hablar** de los alumnos le molestaba al profesor.*	Das ewige **Reden** der Schüler störte den Lehrer.
*Me encanta el **cantar** de los pájaros.*	Das **Singen** der Vögel entzückt mich.

Verbaler Gebrauch

Der Infinitiv steht nach einer Reihe von **Modalverben**.

*No puedo **ayudarte**.* *Hay que **trabajar**.*	Ich kann dir nicht **helfen**. Man muss **arbeiten**.

Der Infinitiv steht nach einigen **konjugierten Vollverben**. Diese Konstruktionen haben im Deutschen meist eine andere Entsprechung. Es lohnt sich daher, die spanischen Ausdrücke wie Vokabeln auswendig zu lernen.

- *acabar de*
  ***Acaban de** salir mis padres.* – Meine Eltern sind **gerade** ausgegangen.
- *acabar por*
  *Se entretuvieron tanto que **acabaron por** llegar tarde.* – Sie haben so lange gebraucht, dass sie zu spät gekommen sind.
- *echar(se) a*

*Mi novio **se echó** a reír.*	Mein Freund lachte **los/fing plötzlich an** zu lachen.
***Echó** a llover.*	Es **fing plötzlich an** zu regnen.

- *estar por*
  *La carta **está por** escribir.* – Der Brief **muss noch** geschrieben **werden**.
- *ir a (= futuro compuesto)*
  *Dentro de poco **va a** llegar Paco.* – Paco **wird** in Kürze kommen. Diese Konstruktion wird häufig anstelle des Futurs I gebraucht (↗ S. 84).
- *ponerse a (= empezar a)*
  ***Nos pusimos** (Empezamos) a ver la tele.* – Wir **fingen an** fernzusehen.
- *soler*
  *Los domingos **solemos** dar un paseo.* – Sonntags gehen wir **immer** spazieren (pflegen wir einen Spaziergang zu machen).
- *volver a*
  *Los chicos **vuelven a** molestarnos.* – Die Jungen belästigen uns **wieder**.

Infinitiv anstelle eines Imperativs

Im Spanischen wird der Imperativ, egal für welche Person, häufig durch den Infinitiv ersetzt. Besonders oft geschieht dies bei der 2. Person Plural. Aus dem Kontext wird deutlich, auf welche Person sich der Infinitiv als Imperativ bezieht. Zur Verstärkung der Aufforderung kann die Präposition *a* dem Infinitiv vorangestellt werden.

*Y ahora, ¡a **trabajar**!*	Und jetzt an die Arbeit. (Machen wir uns jetzt an die Arbeit.)	(sagt jemand zu Freunden/Arbeitskollegen) 1. Pers. Plural
*Tú a **callar**.*	Halt den Mund!	2. Pers. Singular
***Iros** a la cama, niños. Ya es hora.*	Kinder, geht ins Bett. Es ist Zeit.	2. Pers. Plural

Fast ausschließlich wird der Infinitiv in Rezepten, Gebrauchsanweisungen, Geboten und – seltener – Verboten benutzt.

Cortar *los calamares en trozos.*	Die Tintenfische in Stücke schneiden.
Pulsar *la tecla „Enter".* ***Ver*** *página 23.*	Drücken Sie die Taste „Enter". Siehe Seite 23.
No ***fijar*** ***carteles.***	Plakatieren verboten.

Häufiger wird bei Verboten allerdings die Formulierung *prohibido* + Infinitiv benutzt: *Prohibido fijar carteles.*

Präposition + Infinitiv

Durch die Kombination Präposition + Infinitiv wird oft ein Adverbialsatz ersetzt:

- *al + infinitivo*
  - bei gleichzeitigen oder unmittelbar aufeinanderfolgenden Handlungen im Haupt- und Nebensatz:
    Al oír *el despertador se asustó.* – **Als** er den Wecker **hörte**, erschrak er. (für: ***Cuando oyó*** *el despertador, …*)
  - zur Angabe des Grunds (kausal):
    Al gastar *todo su dinero se arruinó.* – **Da** er sein ganzes Geld **ausgab**, richtete er sich zugrunde. (für: ***Como gastó*** *todo su dinero, …*)
  - zur Angabe einer Bedingung (konditional):
    Al estudiar *tanto, aprobará el examen.* – **Wenn** er so viel **studiert**, wird er das Examen bestehen. (für: ***Si estudia*** *tanto, …*)
- *con + infinitivo*
  - zur Angabe einer Einräumung (konzessiv):
    Con tener *coche voy en bicicleta al instituto.* – **Obwohl** ich ein Auto **habe**, fahre ich mit dem Rad zur Schule. (für: *Aunque tengo coche, …*)

- zur Angabe der Art und Weise (modal):
  *Con no **contestar** no mejoras la situación.* – **Dadurch, dass** du nicht **antwortest**, verbesserst du die Situation nicht.

- ***de + infinitivo*** **(seltener: a + Infinitiv)**
  - zur Angabe einer Bedingung (konditional):
    ***De tener** más dinero compraremos esta moto.* – **Wenn** wir mehr Geld **haben**, kaufen wir dieses Motorrad. (für: ***Si tenemos** más dinero, …*)

- ***por + infinitivo***
  - zur Angabe eines Grunds (kausal):
    *Por no **llevar** casco te matarás un día u otro.* – **Da** du keinen Helm **trägst**, wirst du eines Tages umkommen. (für: *Como no **llevas** casco, …*)

3.8 Das Passiv
La voz pasiva

Bildung

Das Passiv wird aus einer konjugierten Form des Verbs *ser* (↗ S. 116) und dem *participio* (↗ S.62–63) gebildet. *Ser* entspricht im Passiv dem deutschen „werden“ und kann in allen Zeiten und Modi benutzt werden.

El libro	***es*** ***ha sido*** ***fue*** ***será*** …	***publicado.***
Das Buch	wird ist wurde wird …	veröffentlicht. veröffentlicht worden. veröffentlicht. veröffentlicht werden.

Das *participio* wird, anders als im Deutschen, in Genus und Numerus dem Subjekt angeglichen.

*El edificio fue construid**o**.* *La casa fue construid**a**.* *Los coches fueron construid**os**.* *Las bicicletas fueron construid**as**.*	Das Gebäude wurde gebaut. Das Haus wurde gebaut. Die Autos wurden gebaut. Die Fahrräder wurden gebaut.

Der Urheber wird durch die Präposition *por* eingebunden.
BEISPIEL *La novela «Como agua para chocolate» fue escrita* ***por*** *Laura Esquivel.* – Der Roman … wurde von Laura Esquivel geschrieben.

Gebrauch
Das Passiv wird im Spanischen wesentlich seltener gebraucht als im Deutschen oder Englischen. Es kommt vor allem in der Zeitungssprache, in Radio- und Fernsehnachrichten sowie in bestimmten Sachtexten vor.
In der gesprochenen Alltagssprache findet man häufiger die Alternativkonstruktion der *pasiva refleja*.

Tarjetas de crédito son aceptadas.	Kreditkarten werden akzeptiert.	*pasiva*
Se aceptan tarjetas de crédito.	Kreditkarten werden akzeptiert. (Man akzeptiert Kreditkarten.)	*pasiva refleja*

Eine weitere Möglichkeit, das Passiv zu umgehen, ist eine Aktivkonstruktion mit dem Verb in der 3. Person Plural.

Todo el dinero fue robado.	Es wurde das ganze Geld gestohlen.	*pasiva*
Robaron todo el dinero.	Sie stahlen das ganze Geld.	*activa*

Wird im Passivsatz der **Urheber** genannt, so steht entweder die *pasiva* oder eine aktive Konstruktion. Im Aktivsatz sollte dann das direkte Objekt am Satzanfang stehen. (Vorsicht: Es muss dann durch das entsprechende **Objektpronomen vor dem Verb** wieder aufgenommen werden!)

La carta fue firmada por Ana.	Der Brief wurde von Ana unterschrieben.	*pasiva*
La carta la firmó Ana.	Der Brief wurde von Ana unterschrieben. (Ana unterschrieb den Brief.)	*activa*

Passiv mit *estar*

Neben dem oben behandelten Passiv, das als Handlungs- oder Verlaufspassiv bezeichnet wird (mit ihm wird eine Handlung beschrieben), gibt es das sogenannte **Zustandspassiv**, das ein Ergebnis ausdrückt. Es wird mit dem Verb *estar* (anstelle von *ser*) gebildet. Beide Konstruktionen haben unterschiedliche Bedeutungen.

El partido ***fue perdido.***	Das Spiel **wurde verloren.**	Handlung
El partido ***estuvo perdido.***	Das Spiel **war verloren.**	Ergebnis

3.9 Der Gebrauch von *ser* und *estar*
El uso de ser y estar

Bei Substantiven

Der Gebrauch von *ser* oder *estar* bei Substantiven ist relativ unproblematisch.

ser		***estar***	
Eigenschaft, Definition, Identifikation			
Él es profesor. *Carlos es español.* *Es mi libro.*	Er ist Lehrer. Carlos ist Spanier. Das ist mein Buch.		
Uhrzeit und Datum			
Son las tres. *Hoy es (el) 13 de marzo.* *El concierto es a las nueve.*	Es ist drei Uhr. Heute ist der 13. März. Das Konzert findet um 9 Uhr statt.	*Estamos en diciembre.* *Hoy estamos a 13 de marzo.*	Es ist Dezember. Heute ist der 13. März.
Ortsangaben			
El concierto es en París.	Das Konzert findet in Paris statt.	*Estamos en Madrid.* *Madrid está en España.* *El libro está en la mesa.*	Wir sind in Madrid. Madrid ist in Spanien. Das Buch ist auf dem Tisch.
+ *de*: Herkunft, Material, Besitzverhältnis		+ *de*: in feststehenden Ausdrücken	
Puri es de Santiago. *La mochila es de cuero.* *La moto es de Miguel.*	Puri stammt aus Santiago. Der Rucksack ist aus Leder. Das Motorrad gehört Miguel.	*Juan está de viaje.* *Conchi está de vacaciones.* *Pedro está de camarero.*	Juan ist verreist. Conchi ist im Urlaub. Pedro jobbt als Kellner.
Preise			
¿Cuánto es?	Wie viel macht das?	*¿A cuánto están las naranjas?*	Wie viel kosten die Apfelsinen?

3

Bei Adjektiven

Der Gebrauch von *ser* oder *estar* bei Adjektiven füllt in ausführlichen Grammatiken unendlich viele Seiten und ist für viele, die Spanisch als Fremdsprache sprechen, bis in die letzten Feinheiten oft nicht nachvollziehbar. Hier sollen nur die wichtigsten Unterschiede anhand markanter Beispiele aufgelistet werden.

ser		***estar***	
Vor allem bei **charakteristischen** Eigenschaften		Vor allem bei **vorübergehenden** oder **aus einer Änderung resultierenden** Eigenschaften (formal oft als Partizipien)	
El libro es caro.	Das Buch ist teuer.	*María está enferma.*	*Maria ist krank.*
La moto es nueva.	Das Motorrad ist neu.	*La calle está llena.*	*Die Straße ist voll.*
Merce es inteligente.	Merce ist intelligent.	*José está cansado.*	*José ist müde.*
Adjektive mit Bedeutungsänderung			
Ana es muy guapa.	Ana ist sehr hübsch.	*Hoy está muy guapa.*	Heute ist sie sehr hübsch (zurechtgemacht).
Rafa es nervioso.	Rafa ist (immer) nervös.	*Juan está nervioso (por el examen).*	Juan ist nervös (wegen der Prüfung).
Pablo es muy simpático.	Pablo ist sehr sympathisch.	*Hoy el profe está bastante simpático.*	Heute ist der Lehrer ganz nett (sonst wohl nicht).
José es listo.	José ist schlau.	*José está listo.*	José ist fertig/bereit.

ser		*estar*	
weitere Adjektive mit Bedeutungsänderung			
ser bueno	einen guten Charakter haben	*estar bueno*	bei guter Gesundheit sein, schmecken (Speisen)
ser malo	einen schlechten Charakter haben	*estar malo*	krank sein
ser vivo	lebhaft/gescheit sein	*estar vivo*	leben
ser seguro	sicher sein	*estar seguro de a/c*	sich einer Sache sicher sein
ser aburrido	langweilig sein	*estar aburrido*	sich langweilen
ser viejo	alt sein	*estar viejo*	sich alt fühlen
ser joven	jung sein	*estar joven*	sich jung fühlen

Die Liste könnte noch beliebig verlängert werden; das würde dir aber nicht weiterhelfen. Wichtiger ist vielmehr, sich möglichst oft folgende Fragen zu stellen:

Beschreibt das Adjektiv von einer Person oder Sache …	
– den Charakter? – ein wesentliches Kennzeichen?	– das Verhalten? – einen zufälligen Umstand? – das zufällige Aussehen?
Oder ist die Beschreibung eher …	
– absolut? – objektiv? dann wird … ***ser*** benutzt.	– relativ? – subjektiv? dann wird … ***estar*** benutzt.

BEACHTE Um die Verzweiflung vollständig werden zu lassen, kann man unter anderem bei folgenden Adjektiven **sowohl *ser* als auch *estar*** benutzen:
ser/estar soltero – unverheiratet sein,
ser/estar casado – verheiratet sein,
ser/estar divorciado – geschieden sein,
ser/estar viudo – verwitwet sein.

Lerncheck

Kapitel „Das Verb“	O.K. ✔	Das muss ich noch mal lesen
Ich kann Verben in stamm- und endungsbetonte „Personengruppen“ einteilen.		S. 58
Ich kann die drei Stammveränderungen bei Verben im Präsens erklären und kann acht Beispiele für Verben mit unregelmäßiger 1. Person Singular nennen.		S. 59–61
Ich weiß, wie die vier Zeiten der Vergangenheit im Indikativ heißen und wie sie regelmäßig gebildet werden.		S. 62
Ich kann erläutern, wann *perfecto*, *indefinido*, *imperfecto* und wann *pluscuamperfecto* verwendet werden.		S. 67–69
Ich kann die Formen des Imperativs bilden.		S. 70–71
Ich weiß, wie das *presente de subjuntivo* gebildet wird, und kann Beispiele für seine Verwendung nennen.		S. 72–78
Ich weiß, wie das *imperfecto* und das *pluscuamperfecto de subjuntivo* gebildet werden, und kann Beispiele für ihre Verwendung nennen.		S. 79–81
Ich kann die Verben *hablar* und *comer* im Futur und im Konditional konjugieren.		S. 82
Ich kann acht Beispiele für die unregelmäßige Futur-/Konditionalbildung aufführen.		S. 83
Ich kann erläutern, wann Futur I/II und wann Konditional I/II eingesetzt wird.		S. 84, 85
Ich kann darlegen, wie das *gerundio* gebildet wird.		S. 85, 86
Ich weiß, wie die Passivformen gebildet und eingesetzt werden.		S. 91, 93

3

4 Satzgefüge

4.1 Die Bedingungssätze
Las oraciones condicionales

Reale Bedingungssätze

Im realen Bedingungssatz – die Bedingung scheint erfüllbar oder möglicherweise zutreffend zu sein – stehen im Neben- bzw. Hauptsatz folgende Zeiten:

Nebensatz *presente de indicativo*	**Hauptsatz** *presente de indicativo/futuro*	
Si no llueve mañana,	*iremos* *vamos* *vamos a ir*	*de excursión.*
Wenn es morgen nicht regnet, machen wir einen Ausflug.		

oder aber:

Nebensatz *presente de indicativo*	**Hauptsatz** *imperativo*
Si vas de compras,	*trae pan.*
Wenn du einkaufen gehst, bring Brot mit.	

Irreale Bedingungssätze der Gegenwart

Im irrealen Bedingungssatz der Gegenwart – die Bedingung scheint nicht oder kaum erfüllbar zu sein – stehen im Neben- bzw. Hauptsatz folgende Zeiten:

Nebensatz *imperfecto de subjuntivo*	**Hauptsatz** *condicional I*
Si tuviera dinero,	*me compraría esta casa.*
Wenn ich Geld hätte, würde ich dieses Haus kaufen.	

Irreale Bedingungssätze der Vergangenheit

Im irrealen Bedingungssatz der Vergangenheit – die Bedingung wurde nicht erfüllt – stehen im Neben- bzw. Hauptsatz folgende Zeiten:

Nebensatz *pluscuamperfecto de subjuntivo*	**Hauptsatz** *condicional II*
Si hubiera tenido tiempo,	*habría venido.*
Wenn ich mehr Zeit gehabt hätte, wäre ich gekommen.	

Mischformen der irrealen Bedingungssätze

Je nach **Zeitverhältnissen** können auch folgende Kombinationen auftreten:

Nebensatz *imperfecto de subjuntivo*	**Hauptsatz** *condicional II*
Si tuviera más tiempo,	ya lo habría hecho.
Wenn ich mehr Zeit hätte, hätte ich es (schon) gemacht.	

oder auch:

Nebensatz *pluscuamperfecto de subjuntivo*	**Hauptsatz** *condicional I*
Si no hubiera perdido su dinero,	*no estaría tan triste.*
Wenn er sein Geld nicht verloren hätte, wäre er (auch jetzt noch) nicht so traurig.	

4.2 Die direkte und die indirekte Rede

El discurso directo e indirecto

Da das Transformationssystem (= die Umformung) der Zeiten im Deutschen ganz anders ist als im Spanischen, wird hier auf eine Übersetzung verzichtet.

In der **indirekten** Rede der **Gegenwart** werden exakt dieselben Zeiten verwendet wie in der **direkten** Rede (Präsens bleibt Präsens, Perfekt bleibt Perfekt, …).

Juan ***viene*** *a las siete.*	*Juan dice que* ***viene*** *a las siete.*
Ya ***ha comprado*** *pan.*	*Dice que ya* ***ha comprado*** *pan.*
Mañana ***irá*** *al cine.*	*Dice que mañana* ***irá*** *al cine.*

In der **indirekten** Rede der **Vergangenheit** werden weniger Zeiten verwendet als in der direkten Rede oder der indirekten Rede der Gegenwart. Wie die Tabelle auf der nächsten Seite zeigt, entsprechen jeweils **zwei einfache** bzw. **zwei zusammengesetzte** Zeiten der direkten Rede oder indirekten Rede der Gegenwart **einer** Zeit in der indirekten Rede der Vergangenheit.

AUSNAHME Auf der Ebene der **Vergangenheit** stehen im **Indikativ** drei Zeiten.

discurso directo	*discurso indirecto del pasado*	*discurso directo*	*discurso indirecto del pasado*
indicativo		*subjuntivo*	
futuro I *condicional I*	*condicional I*		
futuro II *condicional II*	*condicional II*		
presente *imperfecto*	*imperfecto*	*presente* *imperfecto*	*imperfecto*
perfecto *pluscuam-perfecto* *indefinido*	*pluscuamper-fecto*	*perfecto* *pluscuam-perfecto*	*pluscuam-perfecto*

Auf der folgenden Doppelseite steht für jeden Fall eine beispielhafte Konstruktion (↗ S. 102–103).

Direkte und indirekte Rede Gegenwart

Ebene des Futurs

(Juan dirá/dice/ha dicho que …)

futuro II *condicional II*	***habrá venido …*** ***habría venido …***
futuro I *condicional I*	***vendrá …*** ***vendría …***

Ebene der Gegenwart

(Juan dirá/dice/ha dicho que …)

presente de indicativo	***viene …***

(No creo/He dudado que …)

presente de subjuntivo	***venga …***

Ebene der Vergangenheit

(Juan dirá/dice/ha dicho que …)

perfecto de indicativo *pluscuamperfecto de indicativo* *indefinido*	***ha venido …*** ***había venido …*** ***vino …***
imperfecto de indicativo	***venía …***

(No creo/He dudado que …)

perfecto de subjuntivo *pluscuamperfecto de subjuntivo*	***haya venido …*** ***hubiera venido …***
imperfecto de subjuntivo	***viniera …***

Indirekte Rede Vergangenheit

(Decía/Dijo/Había dicho que ...)

condicional II	***habría venido ...***
condicional I	***vendría ...***

(Decía/Dijo/Había dicho que ...)

imperfecto de indicativo	***venía ...***

(No creía/Dudé/Había dudado que ...)

imperfecto de subjuntivo	***viniera/viniese ...***

(Decía/Dijo/Había dicho que ...)

pluscuamperfecto de indicativo	***había venido ...***
imperfecto de indicativo	***venía ...***

(No creía/Dudé/Había dudado que ...)

pluscuamperfecto de subjuntivo	***hubiera/hubiese venido ...***
imperfecto de subjuntivo	***viniera/viniese ...***

Lerncheck

Kapitel „Satzgefüge“	O. K. ✔	Das muss ich noch mal lesen
Ich kann erklären, was ein reales Bedingungsgefüge ist und welche Zeiten hierfür verwendet werden.		S. 98
Ich kann erläutern, was irreale Bedingungssätze sind und welche Zeiten hierfür verwendet werden.		S. 98, 99
Ich kann eine Aussage, die im Präsens steht, in indirekte Rede umwandeln.		S. 100
Ich kann beschreiben, wie sich das Zeitengefüge bei der indirekten Rede in der Vergangenheit verändert.		S. 101
Ich kann bei der indirekten Rede in der Vergangenheit die Ebene des Futurs, der Gegenwart und der Vergangenheit unterscheiden.		S. 102, 103

Die Wortstellung

5.1 Die Wortstellung im Aussagesatz
En la frase asertiva

„Normaler" Aussagesatz

Oft stimmt die Wortstellung im normalen Aussagesatz im Spanischen und Deutschen überein. Jedoch ist das Spanische freier und bietet daher mehr Möglichkeiten der Nuancierung. So können z. B. durch unterschiedliche Wortstellungen einzelne Satzteile hervorgehoben werden.
Übereinstimmend ist die Wortstellung im folgenden Beispiel:

Puri viene. *Viene Puri.*	Puri kommt. Puri kommt. (auch: Es kommt Puri.)

Unterschiedlich ist im Spanischen und Deutschen meist die Wortstellung im Satz mit direktem und indirektem **nominalem** Objekt.

Merce da	*el libro* direktes Objekt	*a Pedro.* indirektes Objekt
Merce gibt	Pedro indirektes Objekt	das Buch. direktes Objekt

Zur Wortstellung der Objektpronomen ↗ S. 25–26.

Aussagesatz mit Adverb

Meist stehen Adverbien unmittelbar hinter dem Verb. Es gibt aber Variationsmöglichkeiten – etwa zur Betonung einzelner Satzteile.

Merce compró ayer el cedé. *Merce compró el cedé ayer.*	Merce kaufte gestern die CD. Merce kaufte die CD gestern.
***Ayer** compró Merce el cedé.* ***Ayer** Merce compró el cedé.*	**Gestern** kaufte Merce die CD. Merce kaufte die CD **gestern**.

Aussagesatz mit adverbialen Bestimmungen/präpositionalen Ergänzungen

Diese Ergänzungen können am Satzanfang, hinter dem Verb oder am Satzende stehen. Auch hier wird durch die Satzstellung oft eine unterschiedliche Betonung ausgedrückt.

El año que viene compraré ***una moto**.*	Im nächsten Jahr kaufe ich **ein Motorrad**.
Compraré la moto ***el año que viene**.*	Ich kaufe das Motorrad **im nächsten Jahr**.

Im ersten Satz wird ausgedrückt, dass ich ein Motorrad (und kein Auto) kaufe, im zweiten Satz, dass ich das Motorrad im nächsten Jahr (und nicht erst in zwei Jahren) kaufe.

Compraré en El Corte Inglés ***un ordenador**.*	Ich werde im Corte Inglés **einen Computer** kaufen.
Compraré el ordenador ***en el Corte Inglés**.*	Ich werde den Computer **im Corte Inglés** kaufen.

Auch in diesen beiden Beispielen stehen die betonten Satzteile am Satzende.

Fragesätze

In **Entscheidungsfragen** (Antwort: *sí/no*) steht das Verb meist am Satzanfang. Häufig wird aber auch die Wortstellung des normalen Aussagesatzes verwendet – in diesem Fall wird die Frage durch die Intonation (Tonfall) ausgedrückt.

¿Viene Juan? *¿Juan viene?*	Kommt Juan?

In Fragesätzen, die mit einem **Fragewort** eingeleitet werden, steht das Verb immer vor dem Subjekt (wie im Deutschen).

¿Cuándo viene Juan?	Wann kommt Juan?
¿Con quién ha hablado Merce?	Mit wem hat Merce gesprochen?

In **indirekten Fragesätzen** steht das Subjekt meist hinter dem Verb.

Pedro quiere saber si viene Juan.	Pedro möchte wissen, ob Juan kommt.
María pregunta cuándo llega Puri.	Maria fragt, wann Puri kommt.

Nebensätze

Im spanischen Nebensatz steht das Verb nie am Satzende. Hat der Nebensatz eine Ergänzung, so kann das Verb vor oder hinter dem Subjekt stehen.

*Quiero saber dónde **estuvo** José ayer.* *Quiero saber dónde José **estuvo** ayer.*	Ich möchte wissen, wo José gestern gewesen ist.

Hat der Nebensatz keine weitere Ergänzung, so muss das Verb vor dem Subjekt stehen.

Cuando empezó el concierto, todos se quedaron contentos.	Als das Konzert begann, waren alle zufrieden.

Verneinte Sätze

Ein Element der Verneinung muss vor dem Verb stehen.

***Nadie** ha venido.* ***No** ha venido **nadie**.*	Niemand ist gekommen.

Für diejenigen, die schon Französisch gelernt haben: Steht ein anderes Element als *no* vor der Verneinung (z. B. *nadie/ninguno/nunca* …), so steht vor dem Verb nicht noch einmal *no* (im Französischen steht noch ein *ne*).

español *francés*	***Nada** le interesa.* ***Rien ne** l'intéresse.*	Nichts interessiert ihn.

Lerncheck

Kapitel „Die Wortstellung“	O. K. ✓	Das muss ich noch mal lesen
Ich kann zusammenfassen, in welchen Fällen die Wortstellung im Spanischen und im Deutschen dieselbe ist und wann sie sich unterscheidet.		S. 105
Ich weiß, an welcher Stelle das Adverb im Normalfall steht und welche Variationsmöglichkeit es gibt.		S. 106
Ich kann darlegen, an welcher Stelle im Satz adverbiale Bestimmungen oder präpositionale Ergänzungen stehen.		S. 106
Ich kann erklären, wie sich durch die unterschiedliche Stellung der adverbialen Bestimmungen oder präpositionalen Ergänzungen die Betonung in einem Satz verändern kann.		S. 106
Ich weiß, an welcher Stelle das Verb in Entscheidungsfragen (ja/nein) steht.		S. 107
Ich weiß, an welcher Stelle das Verb bei Fragesätzen mit Fragewort steht.		S. 107
Ich kann erklären, an welcher Stelle das Subjekt bei indirekten Fragesätzen steht.		S. 107
Ich kann wiedergeben, wie die Stellung des Verbs in Nebensätzen ist.		S. 107, 108
Ich weiß, wo die Verneinungselemente bei verneinten Sätzen gesetzt werden müssen.		S. 108

6 Wichtige Verben

6.1 Wichtige Verben mit Präpositionen

Régimen preposicional de verbos frecuentes

In der folgenden Liste werden die oft benutzten Verben aufgeführt, die im Spanischen eine andere Präposition als im Deutschen haben und daher erfahrungsgemäß eine große Fehlerquelle darstellen.

Nicht aufgeführt sind Verben, die oft mit vielen verschiedenen Präpositionen gebraucht werden (z. B. *acabar con/de/en/por*) – sie würden den Rahmen dieser Übersicht sprengen. In solchen Zweifelsfällen musst du das Wörterbuch zurate ziehen. („Die Präposition“, ↗ S. 44–56)

Verb + Präposition	Übersetzung	Beispiel	Übersetzung
*abrir **a** alg.*	öffnen **für**	*Hoy el nuevo puente se abre **al** público.*	Heute wird die neue Brücke **für** die Allgemeinheit geöffnet.
*acordarse **de** a/c, alg.*	sich **an** etw., jdn. erinnern	*¿No te acuerdas **de** él?*	Erinnerst du dich nicht **an** ihn?
*alegrarse **de** a/c*	sich **über** etw. freuen	*Me alegro **de** su visita.*	Ich freue mich **über** Ihren Besuch.

Verb + Präposition	Übersetzung	Beispiel	Übersetzung
alquilar a/c ***por*** *(precio)* ***por/ para*** *(tiempo)*	etw. **für** (Preis) **für** (Zeit)mieten	*Alquilamos el coche* ***por*** *250 euros* ***para/por*** *una semana.*	Wir mieten das Auto **für** 250 Euro **für** eine Woche.
aprovecharse ***de*** *a/c*	etw. ausnutzen	*Los alumnos se aprovechan* ***de*** *la benevolencia del profe.*	Die Schüler nutzen die Güte des Lehrers aus.
cambiar ***de*** *a/c*	etw. ändern	*Cambia* ***de*** *opinión muy a menudo.*	Er ändert sehr oft seine Meinung.
cambiar a/c ***por*** *a/c*	etw. **gegen/für** etw. (ein)tauschen	*He cambiado el coche* ***por*** *una bicicleta.*	Ich habe das Auto **gegen** ein Fahrrad getauscht.
cambiarse ***de*** *a/c*	sich umziehen	*¡Todavía no te has cambiado* ***de*** *ropa!*	Du hast dich immer noch nicht umgezogen!
casarse ***con*** *alg.*	jdn. heiraten	*Elena se casó* ***con*** *un torero.*	Elena heiratete einen Torero.
cesar ***de***	**zu** … aufhören	*¿Cuándo cesa* ***de*** *llover?*	Wann hört es auf **zu** regnen?
comenzar ***a***	anfangen **zu**	*Hoy han comenzado* ***a*** *trabajar.*	Heute haben sie angefangen **zu** arbeiten.
concentrarse ***en*** *a/c*	sich **auf** etw. konzentrieren	*Tienes que concentrarte más* ***en*** *tus estudios.*	Du musst dich mehr **auf** dein Studium konzentrieren.
confiar ***en*** *alg.*	jdm. (ver)trauen	*¡Ojo!, no confíes* ***en*** *él.*	Vorsicht, trau ihm nicht!
consistir ***en*** *a/c*	**aus** etw. bestehen	*El texto consiste* ***en*** *cinco párrafos.*	Der Text besteht **aus** fünf Absätzen.

Verb + Präposition	Übersetzung	Beispiel	Übersetzung
*constar **de** a/c*	**aus** etw. bestehen	*Esta carta consta **de** dos páginas.*	Dieser Brief besteht **aus** zwei Seiten.
*creer **en** a/c, alg.*	**an** etw., jdn. glauben	*¿Y tú no crees **en** Dios?*	Und du glaubst nicht **an** Gott?
*dudar **de** a/c, alg.*	**an** etw., jdm. zweifeln	*No dudes **de** lo que ha dicho.*	Zweifle nicht **an** dem, was sie gesagt hat.
*empezar **a***	anfangen **zu**	*¿Cuándo empiezas **a** estudiar?*	Wann fängst du **an** zu lernen?
*enamorarse **de** alg.*	sich **in** jdn. verlieben	*En la fiesta me enamoré **de** Ana.*	Auf der Fete habe ich mich **in** Ana verliebt.
*equivocarse **de** a/c*	sich **in** etw. irren	*Nos hemos equivocado **de** fecha.*	Wir haben uns **im** Datum geirrt.
*faltar **por***	**zu** tun bleiben	*Ya no falta mucho **por** hacer.*	Es bleibt nicht mehr viel **zu** tun.
*informar **de** (sobre) a/c*	**über** etw. informieren	*No lo informaron **de** este asunto.*	Man informierte ihn nicht **über** diese Angelegenheit.
*insistir **en** a/c*	**auf** etw. bestehen	*José insistió **en** pagar.*	José bestand **darauf** zu bezahlen.
*interesarse **por** a/c*	sich **für** etw. interessieren	*No se interesó **por** este partido.*	Sie interessierte sich nicht **für** dieses Spiel.
*ir **en** … **a** …*	**mit** … **nach/zu** fahren	*Voy **en** bus **al** instituto.*	Ich fahre **mit** dem Bus **zur** Schule.
*jugar **a** a/c*	etw. spielen	*No le gusta jugar **al** fútbol.*	Er spielt nicht gerne Fußball.

Verb + Präposition	Übersetzung	Beispiel	Übersetzung
llorar ***de*** *a/c*	**vor** … weinen	*Lloraron* ***de*** *alegría.*	Sie weinten **vor** Freude.
morir(se) ***de*** *a/c*	**an** etw. sterben	*Se murió* ***de*** *cáncer.*	Er starb **an** Krebs.
ocuparse ***de*** *a/c, alg.*	sich **um** etw., jdn. kümmern	*Se ocupa* ***de*** *sus hijos.*	Er kümmert sich **um** seine Kinder.
pagar ***por*** *a/c*	**für** etw. bezahlen	*¿Cuánto has pagado* ***por*** *esa moto?*	Wie viel hast du **für** das Motorrad bezahlt?
participar ***en*** *a/c*	**an** etw. teilnehmen	*¿Cuántos participaron* ***en*** *la fiesta?*	Wie viele haben **an** dem Fest teilgenommen?
pensar ***en*** *a/c, alg.*	**an** etw. jdn. denken	*Ojalá que piense* ***en*** *tu cumpleaños.*	Hoffentlich denkt er **an** deinen Geburtstag.
preguntar ***por*** *alg.*	**nach** jdm. fragen	*¿Alguien ha preguntado* ***por*** *mí?*	Hat jemand **nach** mir gefragt?
preocuparse ***por*** *a/c, alg.*	sich **um** etw., jdn. Sorgen machen	*Se preocupan* ***por*** *el futuro de sus hijos.*	Sie machen sich **um** die Zukunft ihrer Kinder Sorgen.
preocuparse ***de***	sich **um** … kümmern	*Preocúpate* ***de*** *llamar a tus abuelos.*	Kümmer dich dar**um**, deine Großeltern anzurufen.
reñir ***por*** *a/c*	**wegen** etw. schimpfen	*Le riñe* ***por*** *ser tan vago.*	Er schimpft mit ihm, **weil** er so faul ist.
soñar ***con*** *a/c, alg.*	**von** etw., jdm. träumen	*Hoy he soñado* ***contigo.***	Heute habe ich **von** dir geträumt.

6

Verb + Präposition	Übersetzung	Beispiel	Übersetzung
*tardar **en***	Zeit brauchen	*He tardado dos horas **en** hacerlo.*	Ich habe zwei Stunden gebraucht, um es zu erledigen.
*terminar **de***	fertig sein **mit**	*¿Has terminado **de** comer?*	Bist du **mit** dem Essen fertig?
*trabajar **de** (+ profesión)*	**als** … arbeiten	*El verano pasado trabajó **de** camarero.*	Im letzten Sommer hat er **als** Kellner gearbeitet.
*venir **en** … **de/desde***	**mit** … **aus** kommen	*Vienen **en** avión **desde** Madrid.*	Sie kommen **mit** dem Flugzeug **aus** Madrid.

6.2 Zur Bildung und Schreibung spanischer Verben

Dieses Kapitel hat folgende Unterteilungen:
Die vollständige Konjugation der Hilfsverben *haber* (zur Bildung der zusammengesetzten Zeiten), *estar* und *ser* (↗ S. 115–117).

Wichtige Hinweise dazu, wie sich im Spanischen die Schreibweise einzelner Verben ändern muss (↗ S. 118).

Konjugation der Hilfsverben

haber – haben, ***participio: habido, gerundio: habiendo***			
pres. ind.	*imp. ind.*	*indefinido*	*futuro*
he ***has*** ***ha*** ***hemos*** *habéis* ***han***	*había* *habías* *había* *habíamos* *habíais* *habían*	***hube*** ***hubiste*** ***hubo*** ***hubimos*** ***hubisteis*** ***hubieron***	***habré*** ***habrás*** ***habrá*** ***habremos*** ***habréis*** ***habrán***
condicional	*pres. subj.*	*imp. subj.*	*imperativo*
habría ***habrías*** ***habría*** ***habríamos*** ***habríais*** ***habrían***	***haya*** ***hayas*** ***haya*** ***hayamos*** ***hayáis*** ***hayan***	***hubiera*** ***hubieras*** ***hubiera*** ***hubiéramos*** ***hubierais*** ***hubieran*** ***hubiese*** ***hubieses*** ***hubiese*** ***hubiésemos*** ***hubieseis*** ***hubiesen***	– ***he*** ***haya*** ***hayamos*** ***habed*** ***hayan***

estar – sein, ***participio: estado, gerundio: estando***

pres. ind.	*imp. ind.*	*indefinido*	*futuro*
estoy	*estaba*	***estuve***	*estaré*
estás	*estabas*	***estuviste***	*estarás*
está	*estaba*	***estuvo***	*estará*
estamos	*estabamos*	***estuvimos***	*estaremos*
estáis	*estabais*	***estuvisteis***	*estaréis*
están	*estaban*	***estuvieron***	*estarán*
condicional	*pres. subj.*	*imp. subj.*	*imperativo*
estaría	***esté***	***estuviera***	–
estarías	***estés***	***estuvieras***	***está(te)***
estaría	***esté***	***estuviera***	***esté***
estaríamos	*estemos*	***estuviéramos***	*estemos*
estaríais	*estéis*	***estuvierais***	*estad*
estarían	***estén***	***estuvieran***	***estén***
		estuviese	
		estuvieses	
		estuviese	
		estuviésemos	
		estuvieseis	
		estuviesen	

ser – sein, ***participio: sido, gerundio: siendo***			
pres. ind.	*imp. ind.*	*indefinido*	*futuro*
soy ***eres*** ***es*** ***somos*** ***sois*** ***son***	*era* *eras* *era* *éramos* *erais* *eran*	***fui*** ***fuiste*** ***fue*** ***fuimos*** ***fuisteis*** ***fueron***	*seré* *serás* *será* *seremos* *seréis* *serán*
condicional	*pres. subj.*	*imp. subj.*	*imperativo*
sería *serías* *sería* *seríamos* *seríais* *serían*	***sea*** ***seas*** ***sea*** ***seamos*** ***seáis*** ***sean***	***fuera*** ***fueras*** ***fuera*** ***fuéramos*** ***fuerais*** ***fueran*** ***fuese*** ***fueses*** ***fuese*** ***fuésemos*** ***fueseis*** ***fuesen***	– ***sé*** ***sea*** ***seamos*** *sed* ***sean***

Änderung der Schreibweise nach den Ausspracheregeln des Spanischen

Die Orthografie hat im Spanischen dienende Funktion. Daher gilt: **Vorrang hat die Aussprache**. Dies hat zur Folge, dass bei einer Reihe von Verben sich bei manchen Formen die Schreibweise ändern muss (↗ S. 9–10). So ändert sich z. B.:

c → qu	[k]	Verben auf *-car* vor *-e* und *-i*	*buscar* ***busqué***	*busco* ***busque***
c → z	[θ]	Verben auf *-cer* vor *-a* und *-o*	*convencer* ***convenzo***	*convence* ***convenza***
g → gu	[g]	Verben auf *-gar* vor *-e* und *-i*	*cargar* ***cargué***	*cargamos* ***cargue***
g → j	[x]	Verben auf *-ger*/*-gir*	*proteger* *corregir*	*proteges* *corrigen*
g → j	[x]	vor *-a* und *-o*	***protejo*** ***corrijo***	***proteja*** ***corrijan***
gu → gü	[gw]	Verben auf *-guar* vor *-e*	*averiguar* ***averigües***	*averiguo* ***averigüé***
gu → g	[θ]	Verben auf *-guir* vor *-a* und *-o*	*distinguir* ***distingo***	*distingue* ***distingan***
z → c	[ø]	Verben auf *-zar* vor *-e* und *-i*	*empezar* ***empecé***	*empieza* ***empiecen***
i → í	[i]	Verben auf *-iar* stammbetont	*confiar* ***confío***	*confiamos* ***confíen***
u → ú	[u]	Verben auf *-uar* stammbetont	*actuar* ***actúan***	*actué* ***actúes***

BEACHTE Zu diesen Verben gehören nicht *cambiar*, *limpiar* und *saciar*, die nie einen Akzent auf dem *-i-* bekommen!

Lerncheck

Kapitel „Wichtige Verben"	O. K. ✓	Das muss ich noch mal lesen
Ich kann vier Beispiele für Verben mit der Präposition *de* nennen und weiß, was sie bedeuten.		S. 110–114
Ich kann drei Beispiele für Verben mit der Präposition *a* nennen und weiß, was sie bedeuten.		S. 110–114
Ich weiß, was die Präposition *por* bedeutet, und kann vier Verben aufzählen, die mit dieser Präposition stehen.		S. 110–114
Ich weiß, mit welcher Präposition die Verben *creer*, *participar*, *pensar* verwendet werden.		S. 111–113
Ich weiß, was die Präposition *con* bedeutet, und kann zwei Verben nennen, die mit dieser Präposition stehen.		S. 111–113
Das Hilfsverb *haber* kann ich im *presente*, im *imperfecto* und im *futuro* in allen Personalformen konjugieren.		S. 115
Das Hilfsverb *estar* kann ich im *presente*, im *indefinido* und im *imperfecto de subjuntivo* konjugieren.		S. 116
Das Hilfsverb *ser* kann ich im *presente*, im *indefinido* und im *imperfecto de subjuntivo* konjugieren.		S. 117
Ich kann erläutern, in welchen Fällen Verben statt mit *c* mit *qu* oder *z* geschrieben werden.		S. 118
Ich kann erklären, in welchen Fällen Verben auf *-iar* und *-uar* mit Akzent geschrieben werden.		S. 118

Stichwortverzeichnis

a 44–46, 49
– mit bestimmten Verben 110–112
Adjektiv 16–21
– Farb- 17
– Mengen- 18
– Nationalitäts- 17
– Stellung 18
– vor- oder nachgestellt 19
Adverb 40–43
– abgeleitetes 40
– mit adjektivischer Form 41
– im Deutschen – adverbiale Ausdrücke im Spanischen 43
– Stellung im Aussagesatz 106
– ursprüngliches 41–42
ahí 30
Akkusativ 16
Akzent 9–10, 118
Akzentverschiebung 10
al 12
– mit Infinitiv 90
al lado de 47
algo 37
alguien 37
alguno 37–39
allí 30
ante 47
antes de 48
aquel 30
aquí 30
Artikel 12–13
– bestimmter 12
– unbestimmter 13
Ausspracheregeln 118

bajo 47
Bedingungssätze 98–99
– irreale der Gegenwart 99
– irreale der Vergangenheit 99
– Mischformen der irrealen 99
– reale 98
Betonung 9
bien 40–41
bueno 18–19
como 41
con 44
– mit Infinitiv 90–91
condicional ↗ Konditional
cual 33, 36
cualquier(a) 38
cuyo 33, 37

dar 65, 73
Dativ 15
de 46–51
– zum Ausdruck von Besitz 49
– zum Ausdruck von Menge 50
– zum Ausdruck von Ortsangaben 46–47
– zum Ausdruck von Stoff/Material 50
– zum Ausdruck von Uhr-/Tageszeit 51
– zum Ausdruck von Ursache/Grund 50
– mit bestimmten Verben 110–114
– beim Datum 51
– mit Infinitiv 91
del 12
delante de 47
demasiado 18
Demonstrativpronomen 30–32
– Formen 30
– Gebrauch 30–31

desde 46, 48, 52
– mit bestimmten Verben 114
después de 48
détras de 47
Diphthong 9–10
direkte Rede 100–103
Doppellaut 9–10

el 12
en 46–48, 52
– zum Ausdruck der Art und Weise 52
– zum Ausdruck der Richtung 46
– zum Ausdruck örtlicher Beziehungen 46–47
– zum Ausdruck zeitlicher Beziehungen 48
– mit bestimmten Verben 111–114
entre 47–48
Entscheidungsfragen
– Wortstellung bei 107
ese 30
estar 61, 65, 73
– Gebrauch 94–95
– Gebrauch bei Adjektiven 95
– Gebrauch bei Substantiven 94
– mit *gerundio* 86
– mit Infinitiv 89
– Konjugationstabelle 116
– beim Passiv 93
este 30

Farbadjektiv 17
Fragesatz, Wortstellung 107
Fragewort 10
– Wortstellung 107

Futur I und II 82–84
– Bildung 82–83
– Gebrauch 84
– regelmäßige Bildung 82
– unregelmäßige Bildung 83
futuro ↗ Futur

Genus
– beim Adjektiv 16–17
– beim Substantiv 13–14
gerundio 85–87
– Bildung 85
– Gebrauch 86–87
– Stellung der Objektpronomen beim Gerundium 25–26
Gerundium
↗ *gerundio grande* 18

haber 61, 65, 73, 83
– Konjugationstabelle 115
hacia 46, 48
hasta 46, 48
Hilfsverben 115–117

Imperativ 70–71
– für Aufforderungen an uns selbst 71
– bejahter 70
– ersetzt durch Infinitiv 89
– Formen 70–71
– für Höflichkeitsformen 71
– Stellung von Pronomen 25–26, 71
– verneinter 71
imperfecto 63, 68–69
– Formen 63
– Gebrauch 68–69
– *imperfecto* □ *indefinido* 69

imperfecto de subjuntivo 79–81
– Bildung 79
– Gebrauch 80–81
– Stammform 80
Imperfekt ↗ *imperfecto*
indefinido 64–66, 68–69
– Gebrauch 68–69
– *indefinido* □ *imperfecto* 69
– Stammvokaländerung beim *indefinido* 64–66
indefinite Pronomen 37
indirekte Rede 100–103
– der Gegenwart 100, 102–103
– der Vergangenheit 101–103
indirekte Fragesätze 107
Infinitiv 25–26, 88–90
– anstelle eines Imperativs 89
– mit Präposition 90
– substantivischer Gebrauch 88
– verbaler Gebrauch 88
infinitivo ↗ Infinitiv
ir 61, 63, 65, 70, 73, 113
– mit *gerundio* 86
– mit Infinitiv 89

Komparativ
– bei Adjektiven 20
– beim Adverb 43
Konditional I und II 82–85
– Gebrauch 84–85
– regelmäßige Bildung 82
– unregelmäßige Bildung 83
Konjugation der Hilfsverben 115–117
Konjunktionen 78

***l**a* 12
las/los 12
le/les 22–23
lo 12
lo/le 22
lo/los 22–23

***m**al* 40–41
malo 18–20
más 41, 44
más … que 20–21
mayor 20–21
medio 18
mejor 20, 44
Mengenadjektiv 18
menor 20–21
menos 44
menos … que 20–21
-mente 40
mi 24, 27
mío 29
mucho 18, 41, 44
muy 41

***n**ada* 37
nadie 37
Nationalitätsadjektiv 17
ninguno 38
nuestro 27–29

Objekt
– Präposition *a* beim direkten 44–45
– Präposition *a* beim indirekten 44–45
Objektpronomen
– betontes, Formen 24
– betontes, Gebrauch 24–25
– beim Passiv 93
– betontes, Stellung 25
– unbetontes direktes, Formen 22
– unbetontes, Gebrauch 24–25

– unbetontes indirektes, Formen 23
– unbetontes, Stellung 25
oír 61, 66, 86
Orthografie
– Änderung der Schreibweise nach den Ausspracheregeln 118
otro 18

***p**ara* 53–54
– zum Ausdruck von Bestimmung/Zweck/Ziel(richtung) 53
– zum Ausdruck von Verhältnis/Vergleich 54
– mit bestimmten Verben 110–113
participio perfecto ↗ Partizip Perfekt
Partizip Perfekt 62–63
– unregelmäßige Formen 62–63
pasiva ↗ Passiv
pasiva refleja 92
Passiv 91–93
– Alternativkonstruktionen: *pasiva refleja* 92, Aktivkonstruktion 92
– Bildung 91
– mit *estar* 93
– Gebrauch 92
– Urheber beim 93
peor 20–21, 39, 44
perfecto, Bildung 63
– Gebrauch 67
Perfekt ↗ *perfecto*
Personalpronomen 22–26
– betontes 24
– Formen 22
– Gebrauch 24
– Stellung 25
– unbetontes 22
Pluralbildung
– beim Adjektiv 17
– beim Substantiv 13–14
pluscuamperfecto 63, 69
– Gebrauch 69
pluscuamperfecto de subjuntivo 79–81
– Bildung 79
– Gebrauch 80
Plusquamperfekt ↗ *pluscuamperfecto*
poco 18
por 44, 52–56
– zum Ausdruck eines Durchgangsorts 55
– zum Ausdruck von Einverständnis 56
– zum Ausdruck von Gleichwertigkeit 56
– zum Ausdruck von Grund/Ursache 54
– zum Ausdruck des Mittels/der Art und Weise 55
– zum Ausdruck vager Orts-/Zeitangaben 55
– zum Ausdruck von Preis/Tausch 56
– mit der Bedeutung „anstelle von“ 56
– mit bestimmten Verben 110–113
– mit Infinitiv 91
– im Passiv 54, 92
Possessivpronomen 27–29
– betontes, Formen 29
– betontes, Gebrauch 28
– unbetontes, Formen 27
– unbetontes, Gebrauch 28

Präposition 44–56
– mit Infinitiv 90
– der örtlichen Beziehungen 46–47
– des Orts 46–47
– der Richtung 46
– bei Verben: Verbliste 110–114
– der zeitlichen Beziehungen 46–48
Präsens 59–61
– regelmäßige Bildung 59
– Stammveränderung beim 59
– unregelmäßige 1. Person Singular 61
Pronomen
– Demonstrativpronomen 30–32
– Personalpronomen 22–26
– Possessivpronomen 27–29
– Relativpronomen 33
– indefinite 37
presente de subjuntivo 72–78
– Gebrauch im Hauptsatz 74
– Gebrauch nach Konjunktionen 78
– Gebrauch im *que*-Satz 74–75
– Gebrauch im Relativsatz 76
– Gebrauch im Temporalsatz 77
– regelmäßige Bildung 72
– Stammform 72
– Stammveränderung 72
primero 18
Pronomen, indefinite 37

que 20, 33–35
que-Satz 74–77
quien 10, 31, 33, 36

Reflexivpronomen 71
Relativpronomen, Formen und Gebrauch 33
Relativsatz 76–77

saber 61, 65, 68, 73, 83
Satzgefüge 98–103
se 23
ser 28, 61, 63, 65, 70, 73, 91, 93–96, 117
– Gebrauch bei Adjektiven 95
– Gebrauch bei Substantiven 94
– Konjugationstabelle 117
Stammveränderung 59–60
– beim *presente de subjuntivo* 72–73
Stammvokaländerung 59–60, 64
Stellung der Wörter
↗ Wortstellung
Stellung von Adjektiven 18
Stellung bei Objektpronomen 25
su 27
Subjektpronomen, Gebrauch 24
– Formen 22
Subjuntivo
– *presente de subjuntivo* 72–78
– *imperfecto de subjuntivo* 79–81
– *pluscuamperfecto de subjuntivo* 79–81
Substantiv 13–15
– als Objekt 15
Superlativ
– bei Adjektiven 21
– beim Adverb 43
suyo 29

también 42
tampoco 42
tan ... como 20
tanto 18
tras 47
tu 27
tuyo 29

un/una 13
unas/unos 13
unregelmäßige Verben
↗ Verben

ver 63
Verb 58–96
– unregelmäßige Verben im Präsens 61
– Verben mit Präpositionen, Verbliste 110–114
– Verbformen, unpersönliche 85–90
Vergangenheitszeiten 62–69
– Gebrauch 67–69
– regelmäßige Bildung 62
– unregelmäßige Formen 63–66
Vergleich
– bei Adjektiven 20
– bei Adverbien 43–44
Verneinung 39, 108
vuestro 27–29

Wortarten
– Adjektiv 16–21
– Adverb 40–43
– Artikel 12–15
– Präposition 44–56
– Pronomen 22–39

Wortstellung 105–108
– im Aussagesatz mit Adverb 106
– im Aussagesatz mit adverbialen Bestimmungen/präpositionalen Ergänzungen 106
– im Fragesatz 107
– im Nebensatz 107
– im „normalen" Aussagesatz 105
– im verneinten Satz 108

Zeitformen
– der Gegenwart 59–61
– der Vergangenheit 62–69
– der Zukunft 82–84
Zukunft ↗ Futur I, II